四川省新农村建设投融资长效机制研究

Sichuansheng Xinnongcun Jianshe Tourongzi
Changxiao Jizhi Yanjiu

陈英蓉

西南财经大学出版社

图书在版编目(CIP)数据

四川省新农村建设投融资长效机制研究/陈英蓉著.—成都:西南财经大学出版社,2013.11

ISBN 978 - 7 - 5504 - 0843 - 2

Ⅰ.①四⋯　Ⅱ.①陈⋯　Ⅲ.①农村金融—投资—研究—四川省②农村金融—融资机制—研究—四川省　Ⅳ.①F832.35②F832.48

中国版本图书馆 CIP 数据核字(2012)第 215631 号

四川省新农村建设投融资长效机制研究

陈英蓉　著

责任编辑:王正好

助理编辑:邓克虎

封面设计:杨红鹰

责任印制:封俊川

出版发行	西南财经大学出版社(四川省成都市光华村街55号)
网　　址	http://www.bookcj.com
电子邮件	bookcj@ foxmail.com
邮政编码	610074
电　　话	028 - 87353785　87352368
照　　排	四川胜翔数码印务设计有限公司
印　　刷	郫县犀浦印刷厂
成品尺寸	170mm × 240mm
印　　张	11
字　　数	200 千字
版　　次	2013 年 11 月第 1 版
印　　次	2013 年 11 月第 1 次印刷
书　　号	ISBN 978 - 7 - 5504 - 0843 - 2
定　　价	36.00 元

目　录

第一章　导论

第一节　研究的背景、目的和意义

一、研究的背景

　　党的十六、十七大报告多次申明"加强农业基础地位"，这是十分重要的战略决策，具有现实、深远的历史意义。目前四川省农业物质生产虽已有了长足的进步，但是从可持续发展的高度来看，从现代化、市场化、信息化、城镇化和国际化的要求来衡量，农业问题还远远没有解决。随着经济社会的发展，农业的内涵比过去更加丰富、宽广，从物质生产扩大到整个农村社会经济的发展，从工农业生产关系扩大到城乡关系，从单纯解决农民吃饭、穿衣扩大到全面提高农民生活质量、保护人民生命财产安全。只有切实巩固和加强农业的基础地位，正确处理好农业和第二产业、第三产业，乡村和城市，农民和工人等方面的关系，才能保证工农、城乡和整个国民经济协调发展。

　　改革开放以来，我国农业和农村经济发展迅速，作为拉动农村经济增长重要制度要素的农业投融资体制改革也取得了重大进展。改革开放以前，我国农业的投融资主体是国家和集体，农业领域内的所有投融资活动都是在高度集中和统一安排下进行的，包括资金在内的所有农业生产要素由国家统一调配，国家通过国民收入的再分配，形成国家的农业财政支出，并依靠行政命令，逐级下拨。改革开放以后，随着农户家庭经营主体地位的确立和社会主义市场经济体制框架的逐步建立，农业投融资领域中市场机制的作用不断增大。

　　一方面，国家投资从无偿到有偿，从单一的财政拨款到发行国债、国外借款、争取外援等多个渠道，从大包大揽到划分种类、明确责任、分级管理，其行为在逐步市场化、多样化和规范化。同时，由于强调要巩固农业的基础地位，因而国家对农业投资的力度在逐步加强，尤其是对农业基础设施的建设规模不断扩大。"九五"期间，中央和地方各级政府逐步加大对农业的投入力度，特别是从1998年开始实施积极的财政政策以来，农业投资有了较大幅度的增长；"十一五"期间，其财政支农力度更大，尤其是2004年四川省开始实施新农村试点建设以来，投资重点用于农村公共基础设施建设、电网改造、农民饮水工程改造、居住环境改善等，取得了巨大的成就。另一方面，农业信贷资金的管理体制自20世纪90年代以来也发生了相当大的变化。过去，所有农业信贷资金都是按照国家的计划，由各级农业银行发放。整个农业资金的筹措与使用完全是依靠行政命令进行的，资金市场不存在，基本上也不存在资金的使用价格利率作用问题。而随着农村金融体制改革的不断拓展，农业政策性业务和经营性业务得以分离，农村信用合作社也正在逐步恢复其原本的性质和功能。

农村经济要发展，资本是其非常重要的元素，按照发展经济学的观点，对某一产业的投入必须突破一个最小规模的限制才能使投入的资本有增值力。大量研究表明，四川省以及全国对农村的投入量还远不足以形成能刺激资本增值的规模，这使得有限的资本投入在农村经济发展中一直呈现"零收益"，甚至"负收益"。在市场经济杠杆作用下，国家很难保证资金的持续注入，而零散的小额投入也会由于后续资金的不足而逐渐丧失殆尽。然而，目前农村资金短缺状态已成为制约四川省以及全国农村经济和社会发展的瓶颈因素。农村经济的弱质性、农村城镇化水平滞后、城乡"二元"分隔条件的存在，使得农村地区有利性投资变得十分稀缺。在这种背景下，作为重要投入品的资金不仅按照价值规律投入到更具有利性的工业和城市经济活动中，而且还会把农村地区原本稀缺的资金吸走，使农村处于一种严重资金短缺的状态。据笔者的实地调研了解到，四川省的农村就是这样典型的农村。

二、研究的目的

本研究旨在运用农业投融资的相关理论，对四川省新农村建设在投融资机制方面存在的问题进行分析，在借鉴国内外农村投融资机制的成功经验的基础上，提出四川省新农村建设投融资长效机制发展对策。

三、研究的意义

目前四川省农村集体经济组织的经济实力普遍较弱，要实现新农村建设如此庞大的工程，单靠农户自筹资金远不能满足新农村建设所需，而且不少农户也不愿对新农村建设进行投入。如果片面加大建设力度，全面开展建设，造成资金严重不足，势必导致损农伤农的事件发生，影响农村社会稳定。因此，对四川省新农村建设投融资长效机制进行研究具有深刻而丰富的理论与现实意义。四川省新农村建设持续性资金的支持，对促进农村发展、提高农民收入、协调城乡发展具有重要的现实意义。

本研究的意义：

（1）本研究对西方农业投融资理论进行了系统的归纳研究，为我国农村经济的发展与农村金融的市场化改革提供了理论依据。

（2）本研究对在市场经济条件下，政府应如何加大对农业的财政扶持力度，从体制上解决政府支农"缺位"和"越位"并存的现象，具有一定的参考价值。

（3）本研究对改善政府财政对农业的补贴方式、探索把国家财政对农业生产资料的补贴直接补贴给购买农业生产资料的农业经营者的有效方式，具有重要的实践参考价值。

（4）本研究将进一步深化我国农村信用合作社改革，增强农村信用社服务"三农"的功能，在坚持合作制原则的基础上打破传统的经营管理机制，推广扩股增资工作，让社员真正成为农村信用社的主人。为改革各级信用社的考核模式、建立服务"三农"的激励机制等工作，提出具有可操作性的建议和措施。

（5）本研究对如何借鉴国际农业投入方式和经验，在政府财力有限的情况下，动员全社会力量，多方位、多渠道地筹集农业资金具有重要的指导意义。

（6）本研究为建立我国农业良性互动的资金供求机制的设计和形成，即为建立新农村建设投融资长效机制，提出了有价值的理论参考和建议。

第二节　国内外研究状况

一、国外研究状况

发达国家的城乡金融体系已经日益结合为一体，逐步由政府资助补贴的农业信贷模式向市场化的融资方式转变（马文·邓肯（Marvin Duncan），1999）；乌尔里希·凯斯特（Ulrich Koester，2000）深入研究了功能完善的农村金融市场在实现由计划经济向市场经济转变以及提高农村资源的配置效率中的核心作用；詹森（Jensen，2001）分析了政府资助的农业信贷体系对信贷市场的扭曲；巴里（Barry，2000）研究了不完善资本市场条件下农业企业的金融结构；卡鲁（Carew，2001）对农业公共投资支出的制度安排进行了研究；罗伯特·汤森（Robert M. Townsen，2001）研究了农业经营风险对农村融资活动以及农村金融发展的影响：农业在缺乏必要的风险管理的情况下，将导致农村金融部门对农业信贷的下降和增大农村金融风险。农业风险是许多发展中国家充分发展金融市场的阻碍。古德温（Goodwin，2000）也认为，在缺乏农业保险的情况下，将进一步弱化中小农户获得金融资源的能力，从而形成风险损失与收入下降的恶性循环，加剧社会的不平等；马特瑟维奇（Matusevich，2000）研究了农村信贷担保体系和农业保险发展对农村融资的作用；维伦（Winnen，2001）对非传统的农业融资工具进行了深入研究，介绍了农业产业化发展的贸易融资方式（Trade Credit）、农业租赁融资方式（Leasing）以及以订单农业为基础的商品融资方式（Comodity Contract）。国外学者对发展中国家的农村金融与农村融资进行了大量研究。总体说来，经济转轨国家的农村信贷环境是非竞争性的，虽然银行提供储蓄便利，但它们并没有高度重视农村的信贷需求。格伦·佩德森（Glenn Pederson，1999）、思文和戈夫（Swinnen & Gow，2001）认为，经济转轨国家的农村融资的主要问题在于农村信用和风险管理市场的不完善，以及经济过渡时期固有的诸如宏观经济不稳定、农业风险大和农业收入低下等矛盾；OECD（2001）专门对中国农村经济系统资金流失的渠道、规模和原因进行了分析研究。

二、国内研究现状

农业资金、农村金融和农业投融资机制等问题一直是多年来国内研究的热点，但这些研究更多的是集中在农业投资问题上，对农业投资的现状、存在的问题、投资不足的原因及问题解决方案等方面进行了较多的探讨。

1. 关于农业投资现状的研究

大多数研究者将农业投资现状与农业投资存在的问题结合在一起分析，只有杨明洪专门对农业投资的现状进行了分析。从农业比较投资率的角度分析，我国已进入了工业化的中后期，农业比较投资率（农业固定资产投资占全社会固定资产总投资的比重与农业总产值占国民生产总值的比重之比率）应接近1，但实际上相差还很大，1993年达到最低值，即0.16。这反映出我国对农业投资十分不足。

从农业投资的主体格局分析，首先，国家财政对农业的资金投入量大幅度下降。其次，改革开放以前，我国农业资金投入的一半左右来源于农村集体，农村集体是农业投资的重要主体；改革开放以后，农村集体的投资主体地位下降，许多原来由集体承担的投资职能改由农户承担。最后，就农户投入情况来看，改革开放以前，农户不是一级投资主体；改革开放以后，家庭承包经营制的确立，使农户成为农业投资的重要主体，但随着新机制一些矛盾的暴露和尖锐化，特别是土地制度缺陷的日益暴露，农民的投资积极性大大下降。

从农业投资的资金来源角度分析，国家财政支援农业投资的力度不够且不稳定；农业信贷资金投入呈上升趋势，但也有不稳定因素，特别是中国农业发展银行资金不足；农村集体和农民个人对农业的投资，2000年以来虽然总量一直是上升的，但各年份增幅波动很大；乡镇企业对农业的投资，无论是从投资额上，还是从投资增速上看，均不稳定；农业利用外资水平也还比较低。

2. 关于农业投资存在的问题

王青荣认为我国农业投资存在的问题主要有：①财政对农业投入量少，无法保障我国农业健康快速发展；②财政对农业投入结构不合理，生产发展后劲不足；③财政支农资金到位率低，挤占、挪用现象普遍存在；④对农业科技创新投资力度不大；⑤财政支农资金投入地区不平衡，影响农业的平衡发展；⑥财政支农重点不突出，投资效益不明显；⑦财政支农资金投入机制不完善，影响了资金投入整体效应的提高；⑧农业资金投入的渠道单一，没有形成全社会都关注农业、重视农业、投入农业的新局面；⑨没有建立有效的农业投入激励机制和倾斜政策，影响了农业资金的有效吸收和利用；⑩外资对农业的投入量少、规模小。

杨林认为农业发展面临的投融资问题主要有：①分配政策的调整使中央政府对农业的长期投入有所减少；②受局部利益、眼前利益的诱惑，地方政府对农业投入不仅总量不足，而且投入结构不合理；③农业投资经济效益低，缺乏对市场资金的吸纳能力。

杨明洪从农业资金运行角度分析农业投资运行中存在的主要问题有：①资金短缺形势严重，将直接影响农业生产的发展；②农业投资长期不足，抵御自然灾害能力明显减弱；③资金分流情况严重，农业资金"非农化"现象值得关注；④实际生产性投入增长乏力，短期投入行为突出。

3. 关于农业投资不足的原因

陈池波从制度经济学和博弈论的角度对农业投资不足的成因进行了分析。从制度经济学角度分析，现行产业投资机制、财政机制、农业经营机制的缺陷导致对农业投入的不足；从博弈论角度分析，政府与农民之间是一种合作博弈，存在唯一纳什均衡解（0，0），即政府与农民博弈的结果是双方都不增加农业投资。

崔慧霞认为农业投入不足的原因为：①从一般规律看，资金短缺是世界上各工业化国家"起飞"初期遇到的共同的首要约束；②从投资主体方面看，农业投资不足的原因在于各投入主体的动力不足。

陈立双、张谛认为农业投资不足的原因为：①市场经济条件下资源配置活动准则与农业基础产业特征之间的矛盾，在客观上形成了农业投资的困难；②经济发展水平不高成为农业投资不足的特殊原因；③投资环境不佳，直接影响着农业投资的增长；④政府对农业投资不稳定，对增加农业资本投入产生了不利影响。

何广文认为，中国农业投入短缺、农户和农村企业贷款难等问题的根源在于严厉的金融管制和半封闭的金融环境的存在，从制度变迁的角度而言，是政府强制性制度变迁的必然结果。

顾焕章认为中国农业投资增长困境的成因为：①社会经济利益结构与政府投资的非农偏好；②投资主体的趋利行为造成了农业投资的相对减少；③政府宏观调控手段缺位是过渡时期农业投资不足的一个重要原因。

杨明洪认为中国农业投资运行中出现问题的原因是：①农业投资主体结构与农业投资固有特点之间的矛盾，影响了农业资金投入量的增加；②市场经济条件下资源配置活动准则与农业基础产业特征之间的矛盾，客观上形成了农业在资本市场上的融资困难；③投资环境不佳，直接影响了农业投资的增长；④政府对农业直接投入的减少，对增加农业资金投入产生了不利影响。

4. 有关农业投融资机制改革的研究

一是政府要提高对农业投入的思想认识：划分各项财政支出事权，做到责任明确；强化外部监督检查，确保国家财政支农资金及时全额到位（安广实，1999）。二是深化农村金融机制改革，特别是加快农业发展银行和农村信用合作社的机制改革，扩大农业发展银行资本金规模，理顺其政策性信贷支农的职责范围，确保农业基础设施和开发贷款的到位；农村信用合作社改革方案应尽快出台，充分发挥其在农村金融体系中的主力军作用；完善农村金融市场，开放民间融资市场（王家传，2002）。三是加强农村集体资金管理，引导农户投资投向，积极鼓励和保护农民及个体工商户的投融资活动，开放民间融资市场（朱永德，2001）。四是营造农村投融资环境，充分利用"三资"（民间、工商、外来资本）开发农业（褚保金，2002）。五是政府应承担起投资主体责任，通过各种政策措施引导其他市场主体增加对农业的投入，建立多元化农业投融资体系（陈英蓉，2008）。

5. 现有研究的不足之处

许多学者从不同角度，运用不同方法，对农业投入不足的原因及对策进行了较多的探讨，分别就农业投资的现状、存在的问题提出了许多具有指导性的改革建议，但笔者认为许多问题仍需要进一步研究和探讨：①现有研究大多集中在农业这一产业投资问题上，没有对我国农村这一特殊经济区域发展的投融资问题进行研究；②现有研究一般是从资金投入总量、投入结构、资金使用效率等方面进行分析，没有围绕投融资机制本身包括的内容（投融资主体及其行为、资金筹措途径、投资环境、投资项目决策程序、建设实施管理和宏观调控制度等）进行系统研究；③现有研究一般只是泛泛提出解决农业投入不足问题的对策，缺乏对市场经济条件下农村投资方式、融资方式创新的研究，特别是在资本市场环境下农村融资方式的创新，大部分是定性分析，缺乏定量分析，大多是全国范围内的一般研究；④从研究方法上看，大多缺乏个案调查研究；⑤缺乏对农村投融资长效机制建立及发展的研究。

第三节　研究的方法及逻辑思路

一、研究的方法

本课题主要采用实证分析法、对比分析法、定量和定性结合分析法、静态与动态结合分析法进行研究分析，应用经济学、区域发展学、投融资学等相关理论，在深入分析日本、欧洲、韩国等国外和国内发达地区新农村建设成功经验基础上，通过对四川省各主要地区新农村建设的投融资现状进行调查后，应用实证分析法指出各村建设投融资存在的问题和影响因素；结合四川省农村的实际情况，提出其新农村建设投融资长效机制的发展模式；再运用静态与动态相结合的分析法剖析新农村建设中投融资所遇到的阻碍，以此提出适合四川省的新农村建设投融资长效机制的发展对策。

本课题以党中央、国务院和四川省政府下发的纲领性文件为政策依据，综合运用经济学的比较优势理论、后发优势理论和竞争优势理论，投资学中的乘数和加速理论，区域经济学中的区际互动理论和区域经济发展辐射理论，以及金融学、财政学的专业知识，在充分调查研究的基础上，对新农村建设过程中投融资长效机制形成的实现条件和约束条件加以明确，为顺利推进四川省新农村建设更快更好地发展提供一些有益的帮助。

二、研究的逻辑思路

该研究的逻辑思路框架图如图 1-1 所示。

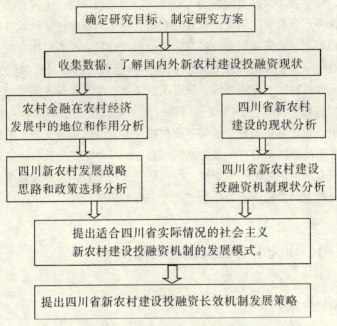

图 1-1 研究的逻辑思路框架图

第二章　投融资理论

第一节　资本理论

一、早期资产阶级的资本理论

（一）重商主义的资本理论

资产阶级最初的经济学说重商主义把资本同资本的货币形式等量齐观，认为只有货币形式的资本才是资本。他们只从流通领域了解资本，还没有从生产领域了解资本，只看到资本的流通形式，没有看到资本的生产形式，不懂得资本的货币形式只是资本的一种形式，而且是非基本的形式；资本还可以有其他形式，而资本的生产形式则是资本的基本形式。

（二）法国古典学派的资本理论

1. 魁奈的资本理论

重农学派的创始人、法国资产阶级古典政治经济学最重要的代表人物是弗朗斯瓦·魁奈（1694—1771 年）。重农学派思想体系的理论基础是自然秩序，他认为农业是社会财富的唯一源泉，是"纯产品"的唯一源泉，因此他认为农业生产才是真正的生产，投在农业上的资本才是生产的资本。他认为农业生产费用或农业资本可以划分为两部分，即他所称的"两部分预付"。魁奈的观点虽然还没有流动和固定资本的一般概念（这一概念是斯密提出的），但实际上已经有了这种区分，因为魁奈说的"原预付"实际上讲的就是"固定资本"，"年预付"实际上讲的是"流动资本"。但是，魁奈在正确地把货币排除在固定资本与流动资本之外的同时，却忽视了资本在其运动中也会采取货币形式。在他看来，货币是获得资本的手段，而不是资本的形式，货币本身不可能成为资本。

2. 杜尔哥的资本理论

安·罗伯特·雅克·杜尔哥（Anne Robert Jacques Turgot，1727—1781年），法国经济学家，18世纪后半叶法国资产阶级古典经济学家，重农学派最重要的代表人物之一。他发展、修正了魁奈及其信徒的论点，使重农主义发展到最高峰。杜尔哥给"资本"下的定义是："积累起来的流动的价值。"这"积累起来的流动的价值"，就是非土地所有者手中的动产，就是生产资料、以消费品形式出现的储备、货币。

3. 西斯蒙第的资本理论

法国古典政治经济学的完成者西斯蒙第（1773—1842年）在研究什么是资本时，认为生产者生产的产品可以分为两部分：一部分小麦作为来年获得收成以前的粮食；另一部分作为种子，到来年再生产小麦。后者就是资本。西斯蒙第把生产资料完全和资本等同了起来。

（三）英国古典学派的资本理论

1. 斯密的资本理论

英国资产阶级古典政治经济学体系的建立者亚当·斯密（1723—1790年），关于资本的定义有两种理论：一种理论认为，资本是为资本家提供收入（利润）的积累；另一种资本理论认为资本是用于继续生产的积累，即生产资料，或者说是为了继续生产而积累起来的储存品。

斯密强调，资本的最主要特点是它能够为资本家提供收入，即带来利润。他把资本划分为流动资本和固定资本。

2. 李嘉图的资本理论

英国资产阶级古典政治经济学的完成者大卫·李嘉图（1772—1823年）对于资本性质的理解，基本上和斯密差不多，认为生产资料就是资本。关于资本的构成，李嘉图和斯密一样，只是研究了固定资本和流动资本的划分。

3. 琼斯的资本理论

英国资产阶级古典政治经济学的后期代表人物之一理查·琼斯（1790—1855年）的资本观念创新之处在于：他把资本作为社会关系的一个因素来理解。琼斯资本观的另一点是他"对资本有正确的历史的理解"。

4. 拉姆塞的资本理论

乔治·拉姆塞（1800—1871年）是英国资产阶级古典政治经济学的后期代表人物之一。在资本构成问题上，他的主要功绩是：区分了不变资本和可变资本。

（四）英国庸俗学派的资本理论

1. 穆勒的资本理论

李嘉图的忠实信徒，并把李嘉图学说庸俗化的詹姆斯·穆勒（1772—1836年），认为劳动和资本二者，前者是直接劳动，后者是蓄积的劳动或间接的劳动。

2. 西尼尔的资本理论

庸俗经济学家西尼尔（1790—1864年），认为财富是由劳动和资本两个因素生产的，因此商品的生产费用就是劳动和资本。

（五）英国空想社会主义者的资本理论

1. 莱文斯顿的资本理论

以李嘉图学说为基础的空想社会主义者莱文斯顿（？—1830年）认为，资本等同于财产。

2. 汤普逊的资本理论

欧文主义者威廉·汤普逊（1785—1833年）是英国空想社会主义者中最著名的经济学家。他认为：资本是那样一部分产品，它可以成为得到利润的工具。

二、马克思及其后期的资本理论

（一）马克思的资本理论

在马克思之前，资本只有一种形式，即物质资本或者说是经济资本。马克思把资本概念的含义从生产资料资本扩展到生产关系资本。

按照《新帕尔格雷夫经济学大辞典》的解释，资本有两种含义：一种是"作为一种生产要素的资本"；另一种则是"作为一种社会关系的资本"。马克思的资本概念是这两种含义的综合。

在马克思之前的经济学家们往往把资本理解为单纯的物，因为资本不论采取何种形式，如商品、货币、不动产等都以一种物而存在，因此也把资本的增值理解为物的自然现象，就像麦粒会自动地长出禾苗一样，货币也会自然地生出利息。针对这种误解，马克思在《1857—1858 年经济学手稿》中批评道："资本被理解为物，而没有被理解为关系。"作为生产要素和作为社会关系的资本概念，在马克思那里，则更多地指向后一种含义，即对劳动者进行剥削的畸形的劳动关系。在 1847 年撰写的演讲稿《雇佣劳动与资本》中，马克思写道："各个人进行生产的社会关系，即社会生产关系，是随着物质生产资料的、生产力的变化和发展而变化和改变的。生产关系总和起来就构成所谓社会关系，构成所谓社会，并且是构成一个处于一定历史发展阶段上的社会，具有独特的特征的社会。"马克思认为资本是人类一定历史发展阶段上的社会现象，资本的实质是人与人的社会关系。"黑人就是黑人。只有在一定的关系下，他才成为奴隶。纺纱机纺棉花的机器，只有在一定的关系下，它才成为资本"。因此，"资本不是物，而是一定的社会的、属于一定历史形态的生产关系，它本质在一个物上，并赋予这个物以特有的社会性质"。在马克思看来，资本不是一个可供观察的、静态的对象，而是一种动态的运动，资本运动的逻辑就是无限制地增值自己、膨胀自己，这一逻辑来自资本家追求财富的无限欲望，马克思由此把资本家称为"人格化的资本"。马克思的资本概念是生产要素资本和社会关系资本的融合体，它的内在本质是社会关系，其外在表现则是生产要素；它是市场中追求自身增值的社会关系力量，生产要素只有纳入到这种特殊的社会关系中才成为资本，资本家只有在市场上买到一种特殊的商品（雇佣工人），货币才变为资本。

马克思把"资本"作为他一生中最重要著作的书名，是因为在马克思看来，无论是对政治经济学的批判还是对现代社会的考察，都最终会聚焦在"资本"这个现代社会的内在灵魂和核心原则上，"资本"成为马克思解开现代社会所有秘密的一把钥匙。《资本论》向世人展示的是：资本的所有者与资本的经营者逐渐分离；个别资本越来越难以建立企业，资本之间的联合成为势所必然；个人资本的联合在股份制的黏合下往往采取社会资本的形式，它直接与私人资本相对立；资本在追求自身价值扩张的过程中生成了现代社会结构。

按照马克思的观点："资本作为财富的一种形式——货币的代表，是力图超越自己界限的一种无止境的和无限制的欲望。"当资本家在市场上购买到劳动力这一特殊商品后，货币就变成资本，现代社会又为资本（资本家）的欲望的实现提供了迄今为止最大的可能性空间。马克思在《1844年经济学哲学手稿》中指出："资本是对劳动及其产品的支配权。资本家拥有这种权利并不是由于他的个人或人的特性，而只是由于他是资本的所有者。他的权利就是他的资本的那种不可抗拒的购买的权利。"在这里马克思告诉我们，资本家之所以对劳动及其产品拥有支配权，这与资本家个体的特征没有关系，只因为资本家是资本的主人。因此，可以说，资本才是权力的真正主体，而资本家只不过是权力的象征性符号。正如马克思所说："作为资本家，他只是人格化的资本。他的灵魂就是资本的灵魂。而资本只有一种生活本能，这就是增值自身，获取剩余价值，用自己的不变部分即生产资料吮吸尽可能多的剩余劳动。资本是死劳动，它像吸血鬼一样，只有吮吸活劳动才有生命，吮吸的活劳动越多，它的生命就越旺盛。"资本和人的欲望是相互促进的,一方面,人的欲望的增长实践了资本的积累;另一方面,资本的积累又反过来为人的欲望的实现提供了物质条件。正因为资本为人的欲望的实现提供了支撑,而这种欲望始终处在最大化的过程中,马克思就把老牌资本主义国家英国的资产阶级发家史的圈地运动比作"羊吃人"的运动。正如马克思所说的:"资本来到世间,从头到脚,每个毛孔都滴着血和肮脏的东西。"因此,不难看出,马克思认为资本从诞生开始就是一部不光彩的历史,对于资本的积累、扩张和全球化,马克思始终是持一种批判的态度。

(二)布尔迪厄的资本理论

皮埃尔·布尔迪厄(1930—2002年)是当代法国最具国际性影响的思想大师之一。布尔迪厄在马克思的基础上,把资本概念的外延扩展为更广泛的范围。布尔迪厄把资本定义为行动者的社会实践工具,他的资本概念来自马克思,但是他的资本概念的内涵和外延与马克思的资本概念有所不同。从卢森堡、葛兰西、韦伯、哈维、梅扎罗斯、布尔迪厄到科西克等一大批思想家,和马克思一样都把资本概念视为解读现代发达社会的一把钥匙。正是这些思想家对资本概念的研究,使它在一个半世纪的发展过程中内涵和外延都发生了很大的变化,已经从经济学专有概念演变成哲学、社会学、管理学等学科都能使用的普遍概念。我们可以得出这样的结论:资本已经从经济学概念演变成了哲学、经济学、社会学、管理学等多学科都能够使用的普遍概念;资本概念已经从经济资本演变为经济资本、文化资本、社会资本、象征资本等多种形态;资本已经从物质形态演变为物质形态和非物质形态两种存在形式,也就是说,资本概念的外延是一直处在扩张状态。

马克思认为,资本是带来剩余价值的价值;而布尔迪厄则认为,资本是日常生活行动者的实践工具。马克思把资本分为可变资本和不变资本、固定资本和流动资本;而布尔迪厄则把资本分为经济资本、社会资本、文化资本和象征资本。马克思与布尔迪厄对资本概念的理解之所以不同的原因在于:他们看问题的视角不同。布尔迪厄分析社会现象大多采用的是哲学的宏观的视角,而西方马克思主义者观察社会现象采用的多是社会学的微观视角。在布尔迪厄以前,资本形式已经超出了单一经济资本的范围,因为马克思已经把资本定义为生产资料资本与社会关系资本的结合体,但是在资本从经济资本到象征资本的过程中,布尔迪厄所起的作用是不可忽视的。布尔迪厄是站在思想巨人肩膀上的思想巨人,因此,他的资本理论不会是完全脱离历史传统的、没有思想渊源地高挂在天空的观念幻影,而是既储存了自法国勒内·笛卡尔以来的整个近代哲学的发展成果，又涵括了马克思主义、结构主义、现象学等现代哲学的精髓的思想。同时，布尔迪厄的社会理论不是在封闭独立的象牙塔中杜撰出来的抽象概念体系，也不是单纯文本的堆积，而是生生不息、一再创造、不断重建、充满张力的理论体系。布尔迪厄社会理论在半个多世纪所取得的丰硕思想成果，并不是偶然的，除了依靠他自身所拥有的哲学资本以外，还有来自西方文化和哲学深远历史传统以及这些文化和哲学的创造者们对社会理论研究的勤奋、严谨的态度。

在布尔迪厄的资本理论中，经济资本概念相当于一般经济学意义上的资本概念，因此他论述得较少，但并不意味着它不重要。在布尔迪厄看来，经济资本是基础性的资本形式，其他形式的资本首先都被看成是经济资本，后来才从经济资本中分离出来。经济资本是由生产的不同因素（诸如土地、工厂、劳动、货币等）、经济财产、各种收入及各种经济利益所组成的。不同的社会的经济资本，具有不同的特性。

经济资本可以直接转化为货币，也可以制度化为产权形式，这是一般经济学谈论得最多的资本形式。经济资本是所有其他形式的资本的根源，其他形式的资本，只有在掩盖了经济资本是其根源这一事实的前提下，才能产生自己特有的作用。但是布尔迪厄反对将其他形式的资本转化成经济资本，因为，其他形式的资本有其独特的传递、转换和积累逻辑。

（三）当下经济学界对资本的定义

就资本的性质而言，资本具有三重存在形态：物质存在、价值存在和关系存在。①资本的物质存在，通常可以理解为资本品。资本循环动态地表现为货币资本、商品资本和生产资本。资本品作为特殊的生产要素，不同于初级要素，它能把土地、劳动、知识技能等生产要素综合起来，形成适合生产力发展的组织机构，它既是"经济社会的入量，其本身又是占用初级资源和劳动时间形成的出量"。②资本的价值存在，表现为它是能带来价值增值的价值。任何形态的商品经济社会中，资本均采取价值的形态。③资本的关系存在，是指它体现着商品经济社会中一定的生产关系。

就资本的范围而言，资本包括物质资本、金融资本、人力资本和自然资本。①从宏观角度分析，只有物质、人力、技术、知识等生产要素才形成资本，因为货币本身不能参加生产。但是在现代市场经济条件下，可以依靠经济单位的自身储蓄和内源有余的经济单位通过金融市场向储蓄不足者提供投资资金。也就是说，金融经济与实物经济不可分，金融资本和实物资本在其运动过程中互为依托、缺一不可。金融市场中的资本市场能提高资本配置效率，货币市场能满足资本投资项目的短期融资需要。②人力资本也是能带来潜在价值的无形预付价值。与资本品相类似，既表现为"经济的入量，也表现为经济的出量"。随着知识这一生产要素重要性的上升，人力资本将愈显重要。③自然资本是自然生态系统所提供的各种财富，如金属矿产、能源、农业耕地等。最近几年来，随着人们越来越意识到环境问题对经济的影响，经济学家们已开始逐渐接受第四种形式的资本——自然资本概念。自然资本概念指的是那些自然界所拥有的可再生和不可再生的资源以及对这些资源的保护和开发进行生态化管理的过程中常用的概念。对自然资本的研究，特别是它在可持续发展中所起的作用，已经成为新出现的生态经济学家们研究的中心问题。

第二节　融资理论

一、融资的定义和分类

（一）融资的定义

融资（Financing）即资金融通。从广义上讲它是指资金从供给者向需求者运动的过程。这个过程包括资金的融入和融出两个方面，即资金供给者融出资金，而资金需求者融入资金，也就是说，融资是资金双向互动的过程。从狭义上讲融资主要是指资金的融入，也就是通常所说的资金来源，即具体经济单位从自身经济活动现状及资金运用情况出发，根据未来发展需要，经过科学的预测和决策通过一定的渠道采用一定的方式，利用内部积累或向外部资金供给者筹集资金以保证经济活动对资金需要的一种行为。

（二）融资的分类

1. 内源融资和外源融资

融资问题的经济实质是储蓄向投资的转化。不过在经济运行中，储蓄和投资可以由同一主体完成，也可以由不同主体完成。在储蓄、投资由同一主体完成的情况下，投资主体把自己积累的储蓄用于投资活动，这一过程称为内源融资过程。在储蓄、投资由不同主体完成的情况下，投资主体可以通过直接和中介过程从资金供给主体即储蓄主体那里获得资金，这一过程称为外源融资过程。外源融资的范围既可以限于国内，也可以扩展到国外。

就各种融资方式来看，内源融资不需要实际对外支付利息或者股息，不会减少企业的现金流量。同时，由于资金来源于企业内部，不会发生融资费用，使得内源融资的成本要远远低于外源融资，因此，它是企业首选的一种融资方式。企业内源融资能力的大小取决于企业的利润水平、净资产规模和投资者预期等因素，只有当内源融资无法满足企业资金需要时，企业才会转向外源融资。

2. 直接融资和间接融资

企业的外源融资由于受不同融资环境的影响，其选择的融资方式也不尽相同，一般说来，分为直接融资方式和间接融资方式。直接融资是资金需求者（资金短缺企业）在资本市场直接出售股票和债券给资金供给者（资金盈余部门）获取所需资金的方式。间接融资是指资金在盈余部门和短缺部门之间的流动，是通过金融中介机构（主要指商业银行）充当信用媒介实现的。

二、融资理论概述

（一）资本结构理论

为了达到市场价值最大化，企业往往需要寻求最佳的融资结构。由于各种融资方式的资金成本、净收益、税收以及债权人对企业所有权的认可程度等存在差异，在给定投资机会时，企业就需要根据自己的目标函数和收益成本约束来选择相应的融资方式，以实现最佳的融资结构，进而使企业的市场价值最大化。融资结构不仅决定着企业的市场价值，同时对企业的融资成本、产权分配、治理结构以及通过资本市场对经济增长等方面都有一定的影响。这就是企业融资理论，亦称资本结构理论。西方主流的企业融资理论主要是围绕如何形成最佳的资本结构而展开的，其发展先后经历了三个阶段，即早期资本结构理论、现代资本结构理论和新资本结构理论。

1. 早期资本结构理论

如果企业只采用权益资本和负债两种融资方式，那么总资本成本率就是权益性资本成本率和债务性资本成本率的加权平均成本率。而企业的目标又是实现企业的市场价值最大化，企业的市场价值一般是由权益资本价值和债务价值组成。

由此可见，在企业息税前盈利既定的情况下，总资本成本率最低时，也就意味着企业的市场价值达到了最大值。因此，衡量企业是否实现了最佳的资本结构，主要是看企业的市场价值是否最大或资本成本是否最低。杜兰特（D. Durand, 1952)将早期的资本结构理论分为净收益理论、净营业收益理论和传统理论（也称折衷理论）。依据该分类方法，上述三种理论的内容大致如下：

（1）净收益理论。净收益理论是以权益资本总可以获取一个固定不变的收益率且企业总能以一个固定利率筹集到所需的全部债务资金为假设前提的。该理论认为，通过负债融资提高企业的财务杠杆比率，可以降低总资本成本率，进而提高企业的市场价值。这是因为债务资本成本和权益资本成本均不受财务杠杆的影响，也就是说，无论负债程度多高，企业的债务资本成本和权益资本成本都不会发生变化。因此，根据该理论，当企业负债率达到100%的时候，即可满足债务资本成本和权益资本成本的加权平均资本成本达到最低，并实现企业市场价值最大化。也就是说，企业最佳的资本结构是100%的负债。很显然，该理论过分强调了财务杠杆的作用，但并未意识到财务风险等对资本结构的影响。

（2）净营业收益理论。净营业收益理论是以总资本成本率和负债成本率都是固定不变为假设前提的。该理论认为，不论财务杠杆如何变化，企业加权平均资本成本都是固定的，因而企业的总价值不发生任何变化，即企业价值与资本结构不相关。这是因为企业利用财务杠杆时，会加大权益的风险，进而增加了权益资本成本，而投资者对此所要求的补偿是根据负债增长率来提高权益资本化比率，财务杠杆产生的收益刚好被权益资本成本率的上升抵消，加权平均资本成本仍保持不变，企业的总价值也保持不变。根据此理论，最佳的资本结构并不存在，也就不存在资本结构的决策问题。

（3）折衷理论。净收益理论和净营业收益理论是完全相反的两种极端理论，而折衷理论是介于这两种理论之间的资本结构理论。该理论认为，债务成本率、权益资本率和总资本成本率均可能随着资本结构的变化而变化。企业利用财务杠杆会导致权益成本的上升，但只要没有超过一定的限度，则权益成本的上升就能被债务的低成本所抵消，加权平均成本会随着负债率的增加而逐渐降低，企业市场价值会有所提高并可能在此限度内达到最大值。如果超过这个限度，债务的低成本将不足以抵消权益成本的上升而使加权平均成本增加，且债务成本也会随着企业负债率的增加而不断增大，企业的加权平均资本成本的上升会更快，而企业的市场价值将会下降。该理论认为，企业的资本成本并不独立于资本结构之外，企业确实存在一个最佳的资本结构，即在加权平均成本由降低转为上升的那一个拐点上，并且此资本结构可以通过财务杠杆的运用来实现。

2. 现代资本结构理论

在早期资本结构理论中，折衷理论看起来比较符合实际情况，但该理论并非依据历史资料推断出来的，而是根据经验判断得出的，因此在实际中往往会产生偏差。以 MM 定理为代表的现代资本结构理论的出现，则将资本结构理论的研究向前推进了一大步。

(1) MM 定理。1956 年，莫迪利亚尼（Modigliani）和米勒（Miller）在美国计量经济学会年会上发表了论文《资本成本、公司财务和投资理论》，后经修改，该论文又在《美国经济评论》上发表，论文中所提出的理论被称为 MM 定理，这是现代企业资本结构理论的奠基石。MM 定理是在净营业收益理论发展的基础上提出来的。通过严格的数学推导，该定理证明，在一定条件下，企业的价值与它们所采取的融资方式无关，即不论是发行股票还是发行债券，对企业的价值没有任何影响，故该定理又被称为资本结构无关论。MM 定理是建立在一系列严格的假设条件之上的：①公司只有长期债券和普通股票，债券和股票均在完善的资本市场上交易，且无交易成本；②投资者个人的借款利率与企业的借款利率相同，且无负债风险；③企业经营风险的高低由息税前盈利的标准差来衡量，若企业的经营风险相同，则所属的风险等级也相同；④投资者可按个人意愿进行套利活动，且无公司和个人所得税；⑤投资者对公司未来的平均营业利润和风险的预期都是相同的；⑥不考虑企业增长问题，即息税前盈利固定不变，所有利润全部作为股利分配给股东；⑦各期的现金流量预期值为固定值，且都是永续年金，包括企业的利益、税前利润等。由此可见，该定理是建立在资本市场有效运作且没有破产风险、企业所得税和个人所得税的基础之上，假设条件比较苛刻，与现实情况明显不符。莫迪利亚尼和米勒在 1963 年对该理论进行了修正，把公司所得税的影响纳入了原来的分析之中，并得出与先前相反的结论：负债会因利息的减税作用而增加企业的价值，因此，企业的负债率越高越好。修正后的 MM 定理认为，负债对企业价值和融资成本是有影响的，如果企业负债率达到 100% 时，企业的价值就会实现最大化，即企业的最佳资本结构是债权融资。由于该定理将债权融资放在了企业融资的最优先位置上，与现实情况也是不一致的。

米勒在 1997 年建立了一个包括公司所得税和个人所得税在内的模型，分析了负债对企业价值的影响，认为个人所得税在某种程度上抵消了利息的减税作用，但在正常税率的情况下，负债的利息减税利益并不会完全消失。实际上米勒的结论与莫迪利亚尼和米勒对 MM 定理进行修正后的结论是一致的，他们都将负债融资放在企业融资的最优先位置上，并认为负债率越高越好。由于他们都过分强调负债融资的积极作用，而忽略了负债带来的风险和额外费用的增加，因而与经济现实不相符。

(2) 权衡理论。MM 定理只考虑了负债带来的税收优惠，而忽视了负债带来的风险和额外费用。权衡理论将财务危机成本和代理成本等因素纳入到研究之中，并在 MM 定理的基础上建立了权衡模型。该理论产生于 20 世纪 70 年代，主要以罗比切克（Rob Ichek）、梅耶斯（Myers）、考斯（Kraus）、鲁宾斯坦（Rub Inm Stein）、斯科特（Scott）等为代表。该理论认为负债的增加可以使企业获得无形中税收优惠的好处，但这并非是无限的。随着负债率的增加，企业陷入财务危机甚至破产的可能性将会增加，企业的各种费用和风险累计成额外成本，进而降低了企业的市场价值。因此，企业必须对利息减税收益和破产风险进行权衡，也就是说负债企业的市场价值等于无负债企业的市场价值加上负债减税收益所增加的企业价值并扣除财务危机成本和代理成本。

　　如图 2-1 所示，V_U 表示企业无负债的市场价值，V_D 表示企业有负债且无破产和代理成本的市场价值，V_D-V_U 表示负债的减税收益，F_A 表示破产成本和代理成本，V 表示企业有负债且有破产和代理成本的市场价值。A 点对应的是企业破产风险值得注意的临界点，B 点对应的是企业的最佳资本结构。具体来说：在负债比率到达 A 点之前，破产成本和代理成本可以忽略不计，负债的减税收益起决定性作用；当负债比率超过 A 点时，企业破产成本和代理成本随负债比率的提高而增加，负债的税收利益也会被破产成本部分抵消。但只要边际负债的减税收益大于边际破产成本，企业的市场价值还会继续增加；当负债比率达到 B 点时，边际负债的减税收益与边际破产成本刚好相等，企业的市场价值达到最大值，并实现最佳资本结构；当负债比率超过 B 点后，负债的税收利益将不足以弥补破产成本和代理成本的增加，企业的市场价值将随着负债比率的提高而不断下降。也就是说，根据权衡模型，企业可以通过对资本结构进行管理，找到 B 点，以实现最佳资本结构，进而使股东利益最大化。

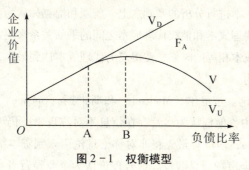

图 2-1　权衡模型

　　综上所述，权衡理论引入了破产成本和代理成本等因素对企业资本结构进行分析，使 MM 定理向现实性迈进了一步。但由于没有分析各种融资方式及公司治理结构对资本结构的影响，因而仍存在很多局限性。

3. 新资本结构理论

20 世纪 70 年代中后期，资本结构理论的发展被推向了一个新的阶段，即新资本结构理论。新资本结构理论是在 MM 定理和权衡理论的基础上引入了信息不对称理论、博弈论、信号理论等，并深入到企业内部和制度方面对企业的资本结构展开了研究的新结果。

（1）代理理论。詹森（Jensen）和梅克林（Meckling）在 1976 年提出了代理成本说，即以代理理论、企业理论和财产所有权理论来系统地分析和解释信息不对称条件下的企业融资结构的学说。詹森和梅克林把代理关系解释为委托人授予代理人某些决策权而同时又要求代理人为其提供利益的服务关系。如公司中所有权与控制权分离而引起的资本所有者与经营者的关系就属于代理关系。由于经营者不是企业的完全所有者（存在外部股权），经营者的努力工作使他承担了全部成本却只能获取部分收益。而当他在职消费时，他却得到了全部的收益却只需承担部分成本。如果委托人和代理人都追求利益最大化，那么代理人就不会总是根据委托人的利益来采取行动。也就是说经营者将不会努力工作，却热衷于在职消费，这将导致企业的价值小于管理者为企业完全所有者时的价值，这个差额就是外部股权的代理成本，简称股权代理成本。在投资总量和个人财产给定的情况下，增加债务融资的比例将会增加经营者的股权比例，进而降低外部股权的代理成本。但债务融资又会引起另一种代理成本。因为作为剩余索取者，经营者将更倾向于从事高风险项目。如果成功的话，经营者可以从中获取成功的收益，而一旦失败，他便借助有限责任制度将失败的损失推给债权人。经营者的这种行为给企业带来的损失就是债权融资带来的代理成本，即债权代理成本。在对股权代理成本和债权代理成本进行分析的基础之上，詹森和梅克林认为，均衡的企业所有权结构是由股权代理成本和债权代理成本之间的平衡关系来决定的。当两种融资方式的边际代理成本相等的时候，使得总的代理成本达到最小，进而企业便可以实现最佳资本结构。

（2）信号理论。迈可尔（Michael）和斯彭斯（Spence）最先把信号显示引入到了经济学中，他们认为尽管存在信息不对称现象，仍可实现潜在的交易收益。罗斯（Ross，1977）最先将非对称信息论引入到资本结构理论中，放松了 MM 定理的完全市场信息假设。信号理论认为企业经营者和投资者对公司信息的了解是不对称的，企业的未来收益和投资风险的大小，企业经营者根据内部信息得知，而外部投资者却无法获取企业的内部信息，只能通过资产负债率或企业债务比例信息间接评价企业的市场价值。罗斯认为，由于破产概率与企业质量负相关而与负债率正相关，外部投资者会把较高的负债率看成企业高质量的一个信号，负债率上升表明经营者对企业未来收益有较高的期望，传递了经营者对企业的信心，进而使投资者对企业也充满信心，进而使企业市场价值随之增大；相反，质量差的企业就有一个低的债务融资水平，外部投资者会把较低的负债率看成企业低质量的一个信号，而使投资者对企业丧失信心，进而使企业市场价值随之减少。此外，这种信号还会促使企业尽可能少用股权融资，因为企业发行股票会给市场传递一个其经营前景不佳的信号。

（3）融资次序理论。迈尔斯（Myers，1984）通过统计观察发现，企业在需要资金的时候，首先会选择内源融资，而在内源融资难以满足其资金需求时，企业便会发行债券，最后才会发行股票。这种现象被他称为"啄食次序假说"。企业的融资次序会向市场传达关于企业运营质量的信息，从而影响企业的市场价值。当企业采取股权融资方式时，外部投资者往往认为企业发行新股是因为资金短缺，便会低估公司的股票，致使公司股票价格下跌。此外，股权融资的成本也比较大。而内源融资或无风险债券则不会面临价值被低估的风险。因此，企业在为新项目筹资时，应根据成本最小化原则来依次选择不同的融资方式（即融资次序理论），也就是说，企业应先考虑内源融资，再考虑外源融资，而在外源融资中，应先考虑采取间接融资方式，再考虑采取直接融资方式（在直接融资中，应首选债券融资）。因此，融资次序理论提供了以下启示：企业如果通过内源融资或无风险债券融资，则不会影响其现有股票的市场价值。企业的新项目一般比较倾向于内源融资或无风险债券融资，企业如果采取发行股票筹集资金，其现有股票的市场价值就会下降，如果信息不对称的程度越高，企业新股发行的规模越大，则其现有股票的市场价值下跌的幅度也越大。

（4）控制权理论。控制权理论主要是从企业经营者对控制权本身的偏好角度探讨了资本结构问题，主要反映了企业通过对资本结构中负债和股权结构的选择对公司治理结构效率的影响程度。该理论认为，企业融资结构在决定企业收入分配的同时，也决定了企业控制权的分配。也就是说，公司治理结构的有效性在很大程度上是取决于企业融资结构的。哈里斯（Harris）和雷斯夫（Raviv）在1990年主要探讨了詹森和梅克林所提出的所有者与经营者之间利益冲突所引发的代理成本问题，他们分别用静态和动态两个模型说明了经营者在通常情况下是不会从所有者的利益最大化出发的，因而有必要对经营者进行监督，他们认为债务融资有利于强化公司治理结构中的监督和约束机制。阿洪（Aghion）和博尔顿（Bolton）在1992年将不完全契约理论引入到融资结构的分析框架，并对债务契约和资本结构之间的关系展开研究。他们认为，在多次博弈的过程中，当出现不容易得到的收益信息时，将控制权转移给债权人是最优的。这样的话，资本结构的选择问题也就是控制权在不同证券持有者之间如何进行分配的问题。此外，伯格洛夫（Berglof，1995）还从公司资产的性质（如流动性和稳定性）入手，并结合控制权问题研究了资本结构问题等。

综上所述，传统资本理论被现代资本结构理论 MM 定理所取代，而 MM 定理只有在完全市场条件下才能成立，与现实并不相符。权衡理论将财务危机成本和代理成本等因素引入到企业资本结构理论的研究之中，并对 MM 定理进行了修正，认为企业可以通过对资本结构进行管理，找到税收收益与破产和代理成本之间的平衡点，以实现最佳资本结构，也使 MM 定理更加接近现实。罗斯将非对称信息论引入资本结构理论后，便改变了以往只注重税收、破产等外部因素对企业融资结构的影响的局面，并开始从企业内部因素入手展开对企业融资结构的分析，将先前融资结构理论中的权衡问题转化为结构或制度设计问题，把企业资本结构理论的研究推向了新的发展阶段。

（二）金融成长周期理论

现代资本结构理论和新资本结构理论主要是以 MM 定理为研究主线，且是西方关于融资结构研究的主流思想。然而，主流资本结构理论并没有考虑企业的不同发展阶段以及与之相对应的融资特点，也没有从动态的角度来研究企业融资方式的选择对其资本结构安排有何影响。而企业金融成长周期理论从某种程度上弥补了主流资本结构理论这方面的不足。

表 2 - 1　　　　　　　　企业金融成长周期与融资来源

阶段	融资来源	潜在问题
创立期	创业者自有资金（C1）	低资本化
成长阶段 I	C1 + 留存利润、商业信贷、银行短期贷款、租赁（C2）	存货过多、流动性危机
成长阶段 II	C2 + 来自金融机构的长期融资（C3）	金融缺口
成长阶段 III	C3 + 证券发行市场（C4）	控制权分散
成熟期	C4	保守的投资回报
衰退期	金融资源撤出：企业并购、股票回购、清盘等	下降的投资回报

资料来源：Weston & Brigham（1978）；张捷. 结构转换期的中小企业金融研究 [M]. 北京：经济科学出版社，2003.

韦斯顿和布里格姆（Weston & Brigham，1970）根据企业在不同成长阶段融资来源的变化提出了企业金融成长周期理论，并将企业的成长周期分为初期、成熟期和衰退期三个阶段。韦斯顿和布里格姆（1978）对该理论进行了扩展，将企业的金融成长周期分为六个阶段，即创立期、成长阶段 I、成长阶段 II、成长阶段 III、成熟期和衰退期，并根据企业的资本结构、销售额和利润等显性特征说明了企业在不同发展阶段的融资来源情况，从长期和动态的角度较好地解释了企业融资结构变化的规律（见表 2 - 1）。

伯杰和乌代尔（1998）对韦斯顿和布里格姆的企业金融成长周期理论进行了修正，即将信息约束、企业规模和资金需求等作为影响企业融资结构的基本因素并引入到他们所构建的企业融资模型中，通过分析得出以下结论：在企业成长的不同阶段，随着信息约束、企业规模和资金需求等约束条件的变化，企业的融资结构也会发生相应的变化。在企业生命周期的不同阶段，需要进行不同的融资安排。

在企业初创期，因企业资产规模较小、缺乏相关业务记录且企业信息是不透明的，致使中小企业很难获取外源融资，而该阶段其资金主要来源是业主及所有者的资金；在企业成长期，企业的抵押资产增加，具备了一定的商业信用且信息透明度有所提高，中小企业可通过商业银行、非银行金融机构和非正规金融形式等渠道获取资金，该阶段其资金主要来源是风险资本和金融机构贷款等；在企业成熟期，企业的业务记录和财务制度等不断完善，并逐渐打开公开市场上的可持续融资渠道，债权融资比重下降，股权融资比重上升，该阶段其资金主要来源是企业留存收益的再投资、非正规金融市场和公开市场的外源股权融资等。此时，部分优秀的中小企业将会成长为大企业。经过上述三个阶段后，中小企业进入衰退期，企业原有产品或服务逐步被市场上新的产品或服务所淘汰。中小企业要想生存和发展下去，就必须寻找新的发展机会。由此可见，中小企业在不同的成长阶段，随着信息、资产规模等约束条件的变化，其融资渠道和融资结构也将发生相应变化。即在企业的早期发展阶段，外源融资约束较大，融资渠道较窄；在企业的后期发展阶段，外源融资约束较小，融资渠道较宽。

由此可见，企业金融成长周期理论认为企业在不同的成长阶段需要不同的融资方式和渠道，也就是说，该理论将企业融资结构的变化看成一个动态的发展过程。格雷戈里等人（2005）利用美国 954 家中小企业的数据对该理论进行检验，其结论与该理论基本吻合。因此，对于中小企业这样一个发展较快且具有较强生命周期特点的群体，企业金融成长周期理论无疑具有很强的解释力和适用性。

综上所述，马克思是从市场经济中信用制度的演变入手，运用抽象的方法对企业融资展开研究的，其思想对当代的中小企业融资有一定的指导意义。就中小企业融资理论溯源而言，马克思的企业融资理论主要是以市场经济中信用制度为基础来研究企业的融资问题，具有一定的抽象性和普适性。但马克思认为，随着信用（尤其是银行信用）的发展，中小资本会被大资本吞没，资本趋向于集中并走向垄断。而实际上，无论是发达国家（地区）还是发展中国家（地区），构成其企业群体的基本上是两类企业，即数量不多但规模庞大的大企业和规模较小但数量众多的中小企业。因此，尽管马克思的融资思想对当今的中小企业有一定的指导意义，但其关于中小企业存在和发展的观点难免具有一定的时代局限性。

西方的资本结构理论是从融资方式的选择对资本结构与企业市值的影响等角度出发，比较微观地分析了企业的具体融资行为。但西方的资本结构理论是建立在对大企业研究的基础之上，并不完全适用于中小企业融资的研究框架。如西方的现代企业融资理论起源于美国经济学家莫迪利亚尼和米勒提出的 MM 定理。该定理认为在完善的资本市场中，企业的融资结构选择与企业的市场价值无关。这一结论引起了理论界的普遍质疑。尤其需要注意的是，该理论主要适用于在完善的资本市场进行融资的大型企业，而对中小企业并无直接的指导意义。新资本结构理论者一反旧资本结构理论者只注重税收、破产等外部因素，对企业最优资本结构的影响，试图通过信息不对称理论中的"信号"、"动机"、"激励"等概念，从企业"内部因素"来展开对资本结构问题的分析。这样就把传统资本结构的权衡难题转化为结构或制度设计问题，从而给资本结构理论问题研究开辟了新的研究方向，提供了新的诠释。从理论上来说，新资本结构理论中迈尔斯的融资次序理论的分析框架比较适合用来对中小企业融资问题进行分析，但融资次序理论仅局限于对企业融资问题的静态分析，而中小企业融资具有较强的动态性特征，即在不同的成长阶段具有不同的融资需求，因此，融资次序理论在分析企业的融资问题方面具有一定的局限性。企业金融成长周期理论可以弥补融资次序理论的静态性缺陷，并能从长期和动态的角度较好地解释中小企业融资结构的变化规律。因此，企业金融成长周期理论在解释中小企业融资结构等方面更具有适用性，在考察中小企业成长过程中的融资方式和渠道选择等方面无疑具有很强的实际意义。

第三节　投资理论

投资是指任何引起个人或组织财富增加的投入产出活动，一般区分为直接投资与间接投资两种形式。直接投资是指投资者将资金、劳动力、技术及其他生产要素投入社会再生产过程以获取期望收益的经济活动。间接投资是指投资者将资金投入到金融市场的股票、债券、期权或其他金融衍生工具以获取期望收益的经济活动，也称金融投资。

一、投资的概念和分类

（一）投资的概念

投资是社会经济活动的重要的内容之一，因而也是经济学的基本范畴之一。随着经济生活内容的不断发展和丰富，投资已经成为个多层次、多侧面的经济概念。

广义的投资，是指经济主体为获取预期收益投入经济要素，以形成资产的经济活动。

在上述广义的投资概念中，经济主体即投资者，包括经济法人和自然人，在现时的社会经济生活中，其表现为各种类型的企事业单位、个人、政府以及外国厂商等。预期收益不仅包含着投资的动机与目的，也体现着一定的经济关系，包括可计算的微观经济收益，还包括不可直接计算的社会效益和环境效益等。投入的经济要素，是指从事建设和经营活动所必需的物质条件和生产要素。它可以是现金、机器设备、房屋、运输工具、通信、土地等有形资产，也可以是劳务，还可以是专利权、商标、工艺资料、技术秘诀、经济信息等无形资产投入的事业或领域；可以是建设领域、生产领域，也可以是流通领域、服务领域；可以是固定资产，也可以是流动资产；可以是物质产品的生产，也可以是精神产品的生产。

上述概念是一个广义的概念，这一概念更多地偏重于理论概括。因为在实际管理工作和在日常生活中，人们谈及投资时，在不同的场合、不同的讨论范围，总是给投资限定了一个较之广义的概念较小的范围。经济学家们一般是从"经济"和"金融"两层含义上来概括和认识投资的。

美国哈佛大学博士、麻省理工大学经济学教授保罗·A.萨缪尔森在其《经济学》一书中这样定义投资："必须注意：对于经济学者而言，投资的意义总是实际的资本形成——增加存货的生产，或新工厂、房屋和工具的生产。对于一般人而言，投资的意义仅仅是购买几张通用汽车公司的股票，购买街角的地基或开立储蓄存款的户头。必须弄清这种混淆之处：如果以从我的保险柜中取出1000元把它存于银行，或将这1000元用来从一个经纪人那里购买普通股票这一行动而论，经济学者认为投资和储蓄都没有增长。只有当物质资本形成生产时，才有投资；只有当社会的消费少于它的收入，把资源用于资本形成时才有储蓄。"

美国斯坦福大学财政金融学教授赫伯特·E. 杜格尔与圣克拉拉大学财政金融学教授弗朗西斯·J. 科里根1920年合著的《投资学》一书对投资的金融和经济概念作了如下描述："从投资者或资本供给者的观点来看，投资是投入现在的资金以便用利息、股息、租金或退休金等形式取得将来的收入，或者使本金增值。""从这种金融的立场出发，储蓄和投资是否用于经济意义上的'生产性'用途是无关紧要的。""无论是投资者从别人那里买进证券，还是把资金用于新的资产，都没有关系……实际上，一般意义上讲，大多数投资都是金融资产在其所有者之间的转让。""关于投资本质在金融意义上或是在一般意义上的这些意见，明显地不同于它经济上的含义。后者有这样的意思，即它是以新的建筑、新的生产者的耐用设备、追加存货等形式构成新的生产性资本。"

在我国，"投资"的内涵和外延，是随着实际经济生活内容的不断变化，随着这一领域的理论发展而不断变化发展的。

新中国成立初期，我们在经济管理体制上比较多地借鉴了苏联模式，同时引进了"基本建设"的概念和管理体制。在高度集中的统收统支的财政体制下，企事业单位的一切收入要上缴财政，一切扩大再生产的支出和流动资金都由财政统一拨付，也就是说，国营企事业单位的资本金都是国家的，国家是唯一的投资主体。在那时，"基本建设"这一概念基本上可以满足当时的实际管理工作及理论研究的需要。进入20世纪80年代以后，企业的技术改造开始迅速推进，为适应当时管理更新改造资金的需要，理论界提出了固定资产投资的概念，固定资产投资包括基本建设投资和更新改造投资两部分内容。与固定资产投资相对应的，是流动资金投资。之后，随着证券市场和房地产市场的兴起，又出现了证券投资、房地产投资的概念。可以说，在我国理论界对"投资"这一概念的概括和理解，也并未达成共识，但这并不妨碍我们使用这一概念。因为，在特定的环境和背景下，我们所谈的投资对象是一定的。

（二）投资的分类

1. 实物投资和金融投资

按投资的方向划分，投资可分为实物投资和金融投资。

实物投资是指投资者将资金用于建造购置固定资产和流动资产，直接用于生产经营，并以此获得未来收益的投资行为。实物投资与证券投资的根本区别在于前者是社会积累的直接实现者，即通过实物投资最终完成和实现社会的积累；而后者只是一种间接的过程，投资者以最终获得金融资产为目的，至于这些资金怎样转化成实物形态则与证券投资者没有关系。

金融投资，也叫证券投资，是指投资者以获得未来收益为目的，预先垫付一定的资金并获得金融资产。投资者用自己的货币购买股票、公司债券或国债券等有价证券，然后凭有价证券获取收益，由有价证券的发行者去进行实物投资。由于投资者主要在金融市场上购买有价证券，又是以金融的方式进行的，所以称为金融投资。个人在银行储蓄的行为严格讲也是一种金融投资，其获得的存款凭证也是一种有价证券。

实物投资与金融投资对宏观经济各个范畴的影响是不同的，例如国民收入、储蓄、分配等。

2. 国际投资和国内投资

按地域划分，投资可分为国际投资和国内投资。

国际投资亦称"对外投资"或"海外投资"，其指一个国家向国外进行经营资本的输出。这种输出可以是私人资本也可以是国家资本，但不包括政府及其所属机构对外的赠予、赔偿以及纯属借贷资本输出范围的各种贷款活动。国际投资可分为直接投资和间接投资两种基本形式。随着世界经济的发展，国际投资出现了一些新的特征：跨国公司迅速发展，直接投资在国际投资中占有越来越大的比重；投资方向不局限于经济落后地区，各发达国家的私人资本也要互相渗透，甚至还出现了发展中国家向发达国家投资的现象。从本质上说，国际投资是为过剩资本找出路，利用国外某些有利条件获取高额利润。但同时，国际投资也会给发展中国家带来先进技术，并促进其提高管理水平。

国内投资是指国家、企业单位、个人在本国境内所进行的投资。国内投资的总量，代表了一个国家经济发展水平的高低、积累能力的大小和经济实力的强弱。

3. 直接投资和间接投资

按是否具有参与投资企业的经营管理权划分，投资可分为直接投资和间接投资。

直接投资是指投资者直接将资本用于购买生产资料、劳动力或其他企业一定比例的股份，通过一定的经营组织形式进行生产、管理、销售活动以实现预期收益。直接投资可分为国内直接投资与国外直接投资。直接投资的方式主要有：①加入资本，不参与经营，必要时可派出技术人员和顾问，给予指导；②开办独资企业，即由一个国家的一个公司独立投资建立企业，独自经营，企业归投资者一家所有；③设立合资企业，由合作各方共同投资，并指派拥有代表权的人员参与经营；④买入现有企业股票，通过股权取得全部或大部分经营支配权。

间接投资通常是指投资者以购买他国或本国债券、股票的方式所进行的投资。间接投资者按规定收取利息或红利，但无权干预投资的具体运用，也不享有任何特权。

4. 固定资产投资和流动资产投资

按投资资金周转方式的不同，投资分为固定资产投资和流动资产投资。

固定资产投资包括基本建设投资和更新改造投资两部分。基本建设投资是指以扩大生产能力或工程效益为主要目的的新建、扩建、改建工程及相关投资。其主要包括工厂、矿山、铁路、桥梁、港口、农田水利、商店、住宅、学校、医院等工程的建造和机器设备、车辆、船舶、飞机等的购置。基本建设投资的经济实质是进行固定资产的外延扩大再生产。更新改造投资是指以设备更新、企业技术改造为主要形式的固定资产投资。更新改造投资的经济实质是进行内含扩大再生产。

流动资产投资是相对于固定资产投资而言的，是对企业生产经营中所需劳动对象、工资和其他费用方面的货币的预先支付。对于流动资金是否属于投资范畴，在我国理论界和实际工作部门中尚存在分歧。一种认识是流动资金是一种短期垫支行为，流动资金投入以后，经过生产和流通，产品销售出去，流动资金就收回了，所以，它并不符合投资是价值垫支的定义，不能作为投资；另一种意见认为，流动资金的投入是投资行为，其主要理由是，流动资金不是一种短期垫支，尽管流动资金周转要比固定资金周转快，但由流动资金在循环周转中的继起性和并存性决定，企业生产中所需的流动资金中有一个最低稳定额，这一部分流动资金只要生产经营持续进行，实际上是无法收回的，它是属于长期资金的性质。

5. 外延性投资和内含性投资

按在扩大再生产中所起作用的方式不同，投资可以分为外延性投资和内含性投资。

外延性投资，是指用于扩大生产经营场所，增加生产要素数量的投资，它代表投入生产的资本不断增长。其投资形式如直接开厂设店中的新建、改建、扩建等建设形式。外延性投资的实质，是从投资要素量的增加上来扩大投资规模以促进社会扩大再生产的进行。

内含性投资，是指用于提高生产要素的质量、改善劳动经营组织的投资，它代表资本使用的效率不断提高。其投资形式如挖潜、革新、技术改造等。内含性投资的实质，是从提高投资要素的使用效率、加强劳动过程的组织管理、提高劳动效率上来促进社会扩大再生产的进行。

6. 经营性投资和政策性投资

按经营目标的不同，投资可以分为经营性投资和政策性投资。

经营性投资又称营利性投资，在西方国家中也常称为商业投资，是指为了获取盈利而进行的投资，项目建成以后，以经营方式使用。在商品经济条件下，绝大多数的项目投资都属于经营性投资范围。

政策性投资又称非营利性投资，是指用于保证社会发展和群众生活需要而不能或允许不能带来经济盈利的投资。政策性投资虽然不能带来经济盈利，但却能带来社会效益。政策性投资分两种类型：一类是本身就不属于生产经营，因而不存在盈利可能的项目投资；另一类本身是生产经营性支出，存在着潜在的盈利可能，由于价格不合理及某些客观条件的制约必然发生亏损，这是国家允许的并有相应的政策规定。政策性项目社会效益显著，是社会经济发展及人民生活水平不断提高所必不可少的物质基础设施，其投资水平高低和投资规模的大小对全社会经济的繁荣和发展及人民生活水平的不断提高具有全面而又深远的促进或制约作用，但由于它的非营利性，很难将诸如企业和个人等以盈利为直接目标的投资者的资金用于这些项目上，所以，必须有政府的参与，由政府利用财政资金从事这些项目的投资，或利用财政资金作为经济杠杆，吸引其他投资主体的投入。

7. 生产性投资和非生产性投资

按照投资的经济用途划分，投资可以分为生产性投资和非生产性投资。

生产性投资是指直接用于物质生产或直接为物质生产服务的投资。在我国，它是按投资项目中单项工程的直接用途来确定的。如在新建工厂投资中，用于生产车间、实验室、办公室、其他生产用建筑物以及生产用机械设备等固定资产的购置和安装的投资。生产性建设投资能直接增加国民经济各部门的生产能力、加快商品流通速度、提高国民经济技术水平，也是进行非生产性建设投资、提高人民生活水平的重要物质基础。

非生产性投资是指在一定时期内用于满足人民物质和文化生活需要以及其他非物质生产的投资。按现行统计制度规定，其包括住宅建设的投资；公用事业、居民服务和咨询服务建设的投资；卫生、体育和社会福利方面建设的投资；教育、文化、艺术和广播电影电视事业建设的投资；科学研究建设的投资；金融、保险业建设的投资；国家机关、党政机关和社会团体建设及不属于上述各类的其他非生产性建设的投资。在社会经济发展过程中，在有计划地扩大生产性建设投资的同时，要保证非生产性建设投资的相应增长，使人民生活在生产发展的基础上逐步得到改善，这对于促进生产发展具有重要作用。但非生产性建设增长过快、比重过高，也是不正常的，会造成国民经济的发展缺乏后劲，反过来又影响人民生活水平进一步提高。

8. 预算内投资和预算外投资

按投资是否纳入国家财政预算，投资可划分为预算内投资和预算外投资。

预算内投资是指纳入国家预算安排的投资。其中，预算内基本建设投资包括中央财政直接安排的基本建设基金和地方财政中由国家统筹安排的基本建设投资，以及中央财政中的其他专项建设援款完成的投资。预算内更新改造投资包括中央财政和地方财政预算内更新改造投资。

预算外投资是指各地区、各部门和企事业单位，运用自行支配的物力财力、各种专项资金和其他自有资金以及向国内外金融机构借款所安排的投资。

9. 其他分类

按其他一些分类标志，还可以将投资做另外一些分类。

例如，按投资主体划分，可分为国家投资、企业单位投资、个人投资；按资金来源划分，可分为财政投资、银行信贷投资、企业自筹投资、证券投资；按企业性质划分，可分为全民所有制单位投资、集体所有制单位投资、乡镇企业投资、中外合资、外商独资；按项目是否纳入国家计划，可分为计划内投资、计划外投资等。

二、一般投资理论

从经济学史看，早在16世纪之前，投资的"产出大于投入"的基本思想就被古代和中世纪的一些哲学家和经济学者以"前科学"的眼光"模糊地"觉察到了，例如互惠的交换、价值的增量比较等。从实践角度观察，这一时期西方文明的基本经济结构是以少量资本和低生产水平的、小规模的、孤立的和自给自足的生产经营为特征，即使有少量以盈利为目的的投资行为，它们对整个国家经济的影响是微不足道的。

16世纪初重商主义学者关注如何使用国家资源或国际贸易或经济管制等手段，使本国尽可能在政治上和经济上强大，这实际上就是一个投入产出问题，从投资角度可被视为有关国家投资理念和投资行为的问题。在由重商主义向市场运作的经济自由主义过渡过程中，英国经济学家威廉·配第的著名格言"劳动是财富之父，土地是财富之母"体现了对生产投入基本要素的早期而深刻的认识。之后，理查德·坎蒂隆发表了对企业家特殊作用的深刻见解，与现代创业投资的理念如出一辙。

18世纪末，经济自由主义真正开始之前，重农主义代表魁奈通过循环流程模型探讨经济政策，不管其"纯产品"和"生产行业"概念在现代意义上多么不可思议，该学派的"生产意味着创造剩余、生产行业在生产过程中生产了比其所消耗资源更多的产品"的观点，仍符合现代投资准则。从重商主义到重农主义，投资的要素、企业家作用、产出的价值增值（或剩余）——无论在宏观层面抑或微观层面，都得到了更深入的分析。

1776年亚当·斯密的《国民财富的性质和原因的研究》问世，标志着一个系统的、作为独立体系的经济学学科的产生和古典经济学的开始。对于投资理论而言，这也是一个重要的里程碑，因为与之前的经济研究相比，斯密详细论述了资本利润、资本用途与风险收益之间的关系以及地租、资本投入方式、外国投资、投资行业选择、资本的作用等问题，这是经济理论第一次较为系统地阐述投资问题。

总体来说，古典经济学及其之前的经济学研究的重点是分工理论、价值理论、生产理论和经济增长理论，关注的焦点在于财富的创造、积累、分配和一国的经济发展，有关资本的概念、劳动力价格、利息和地租决定、再生产与流通过程、投入与产出之间关系等内容分散于这些理论之中，尚未形成完整的理论体系和定量模型。

20世纪以后，资本主义经济周期、两次世界大战和战后经济增长构成了投资理论研究深化和向更宽广范围延伸的背景，同时新的数学工具的出现为投资理论及模型的定量分析和实证研究提供了有力的支持手段。收入决定理论与加速器原理、经济增长理论、国际投资理论和金融投资理论等是20世纪以来的投资问题及其研究的主要视角。

（一）收入决定理论与加速器原理

该理论主要借助总量分析方法考察一个经济系统中国民收入、总供给、总需求、消费、储蓄、投资等宏观经济变量的相互作用及其过程，代表理论是关于投资变化和收入变化关系的乘数论，是约翰·梅纳德·凯恩斯（J. M. Keynes）于1936年在《就业利息和货币通论》一书中提出的。乘数论认为，总投资增加时，收入的增量将是投资增量的 n 倍，这个 n 就是投资乘数。如果以 $\triangle I$ 表示投资增量，以 $\triangle Y$ 表示国民收入增量，则投资乘数 $n = \triangle Y / \triangle I$，国民收入增量 n 倍于投资的增量。乘数的作用是双向的：一方面，投资的增加引起收入 n 倍增加；另一方面，投资的减少引起收入 n 倍减少，表明投资对经济的影响会逐渐放大。

乘数理论通常与加速原理结合起来说明经济周期的变动。加速原理认为，收入的增加必定引起消费的增加，消费的增加必定引起消费品生产的增加，消费品生产的增加又必定引起资本品生产的增加。因此，收入的增加必定引起投资的增加。投资是收入增量的倍数，这就是加速数，用符号表示为：$V = \triangle K / \triangle Y$。加速数也像乘数一样从两个方面起作用：一方面，它可以使投资加速度地增加；另一方面，它可以使投资加速度地下降。在乘数和加速数的共同作用下，消费或投资任何一个的增加都会引起经济增长，任何一个的减少都会引起经济衰退，从而导致经济周期的波动。近二十年来，该理论在解释经济周期（Business Cycle）的实证研究方面已显示出广泛的适应性。在工业化经济、发展中经济和过渡经济形态中都呈现了较好的预测能力。该理论目前仍是各国制定宏观经济政策的重要理论依据之一。

（二）经济增长理论

该理论主要揭示投资要素与经济增长之间的关系以及经济增长的路径选择。早期经济增长理论以 Harrod - Domar 模型为代表，这一模型集中研究了扩大再生产过程中收入增长率、储蓄率和资本产出比率这三个变量的关系，指出在资本产量比率一定的前提下，收入增长率主要取决于储蓄率（积累率）。Harrod - Domar 模型的基本公式为：$\triangle Y / Y = s / v$，式中 $\triangle Y / Y$ 表示国民收入增长率，s 表示储蓄比例，v 表示资本产出之比。该公式说明一个国家或一个经济体系的国民生产总值增长率（$\triangle Y / Y$）与其储蓄率 s 成正比，与其资本产出比成反比。这意味着一个经济体系中储蓄越多，其经济增长率就越高，而储蓄越多，国民经济中新增投资就越多。但 Harrod - Domar 模型未考虑经济增长的技术因素，其后的学者构建了包含技术变量的模型，但仅限于把技术水平作为一种外生变量来处理。

20 世纪 80 年代出现的把技术进步作为内生因素的新增长理论在解释世界各国经济发展的促进因素方面做出了开创性贡献，它有助于探讨经济增长的机理、动力和影响因素，为各国制定产业政策的投资政策提供依据。20 世纪 90 年代以来，学术界从规模经济和技术外溢的角度研究发达国家和发展中国家产业集群（Industrialclusters）的发生、发展机制以及对区域经济增长的影响，实际上又回到了把技术作为外生因素的研究路径，所不同的是在一个新的领域（与区域经济或经济地理相结合）研究技术对经济发展的外生效应。

三、农业投资理论

现代西方经济研究中，与农业投资密切相关的理论主要有：

（一）农业中隐蔽失业包含隐蔽储蓄的论断

20世纪50年代，挪威发展经济学家纳克斯（K. Nurkse）提出了"农业中隐蔽失业包含隐蔽储蓄"的著名论断。纳克斯指出，隐蔽失业的状态至少在某种程度上包含着一种隐蔽的储蓄潜力。在农村的不生产的剩余劳动力是靠"生产的"劳动力养活的。"能生产的"劳动力"实际上"是在进行着储蓄——他们生产的比他们消费的要多。但是这种储蓄是无效的。"如果能生产的农民把他们那些在生产上没有用的亲戚送到建设工程中去干活，并且继续供应他们在那里的衣食，那么实际储蓄就会变成有效储蓄。因此，利用隐蔽失业来积累资本，是可以从一个经济体系内部取得资本的。"① 纳克斯的论断，无疑是颇有见解的。它既为发展中国家利用农村剩余劳动力进行积累提供了理论解说，又为中国农业投资的研究开辟了新的思路。

（二）近代发展经济学的观点

拉尼斯（R. Rains）和费景汉（J. O. H. Fei）合作发表了《经济发展理论》，他们认为，为了避免经济发展陷入低水平均衡陷阱，一国在经济发展初期，应该对农业进行追加投资，以加速农产品及农业剩余的增长，促进剩余劳动力转移，带动经济发展（在发展经济学中，他们最早认识到了农业在经济发展中的重要地位，并将注意力转向农业本身的发展，开创了农业发展理论研究的先例）。

（三）人力资本理论

1964年西奥多·舒尔茨（Theodore Schultz）在对发展中国家农业深入研究的基础上，提出了"贫困但有效率的理性小农"假说。他认为发展中国家的农民并非是"受传统约束的，资源配置是无效率的"。传统农业尽管人均产量很低，但生产要素的运用却很有效。传统农业中的农民是具有经济理性的，他们的经济行为是合理的，而且能够对经济刺激作出敏感的反应，问题在于传统农业缺乏适应农业技术与方法迅速变化所需要的人力资本投资。② 他指出，发展中国家经济的成长有赖于农业的迅速、稳定增长，传统农业却不具有这种迅速稳定的增长能力，因此必须对传统农业进行改造，改造传统农业的关键问题

---

① 拉格纳·纳克斯. 欠发达国家的资本形成 [M]. 牛津：巴兹尔·布莱克维尔出版社，1957.

② 西奥多·W. 舒尔茨. 改造传统农业 [M]. 梁小民，译. 北京：商务印书馆，1987.

是投资，其中主要是人力资本投资问题。

由于舒氏的理论比较符合发展中国家的现实，因而成为许多国家制定农业发展战略的重要理论依据。

（四）"钱—塞"标准

20世纪70年代，美国经济学家霍利斯·B. 钱纳里（Hollis B. Chenery）和莫塞·赛尔昆（Moises Syrquin）在发展模式中，运用101个国家1900—1970年期间资料，选择了积累、资源配置、人口、分配等10个过程的22个变量，设计了著名的"世界发展模型"和"大同模型"，用来描述经济结构变动过程。研究发现：在人均国民生产总值从300美元向1200美元过渡的国家或地区中，每个固定资本在各个产业部门的投资份额依次为：农业10%（最高16%）、矿业2%、制造业22%、基础设施（包括能源、交通和建筑）40%、服务业26%左右。这就形成了固定资本在各个产业部门分布的"标准结构"，又称"钱—塞"标准。

（五）"莫利特"公式

英国牛津大学农经学院经济学家简·A. 莫利特，以农业固定资本代替农业投资，在分析了70个发达国家1970—1975年期间和19个发展中国家1975—1979年期间农业投资与经济发展关系后，认为：当人均收入增加时，农业产值份额下降，总固定资本中农业固定资本的份额亦下降；国内农产品总值中再投入农业的比例，随人均收入的增加而增长。经过统计分析处理，得出了一个经验公式，称为"莫利特"公式，即当人均收入每增加1%，农业投资减少0.3%，农产品产值在国内产品总值中所占的份额下降0.6%；人均收入每增加1%，农产品总产值中再投入农业的比例应增长0.25%，或按农业劳动力计算的收入每增长1%，农产品总值中再投入农业的比例应增长1.3%，农业才能稳定发展。

综上所述，西方经济学家对农业投资的研究形成了一些理论，但研究的对象大都局限于资本主义市场经济发达或发展中国家，没有触及实行社会主义市场经济的发展中国家尤其是中国的农村投资问题，因而其理论仅有一般的参考和启迪意义。

第三章　农村金融及其组织体系的发展和作用

第一节　中国农村金融的产生与发展

一、奴隶社会和封建社会中农村金融的基本形式

农村金融是农村货币资金的融通。严格意义上的农村货币资金的融通，是在农村商品货币关系形成之后出现的，因而，在这个意义上讲，农村金融是农村商品货币关系形成与发展的产物。但是，如果把农村民间自由借贷中实物形式的借贷，看成农村金融活动的原始形式，则可以说农村金融早在农村商品货币关系形成之前就产生了。其最具典型意义的例子是，随着财产私人占有的出现和贫富分化的加剧，贫者在农作物播种季节向富者借种子，待农作物收获之后偿还同样的产品，就成为最早的农村金融活动。这种最早的农村金融活动，没有货币的介入，所解决的是自给自足生产中出现的问题，因而，并不以商品货币关系的形成为条件。

商品货币关系在农村的形成与发展，强有力地推动着农村金融活动的发展。最突出的表现是，随着农村商品货币关系的形成与发展，货币形式的借贷逐步取代了农村中实物形式的借贷，而成为农村金融活动的基本形式。随着农村中最主要的生产资料——土地及其他耕作条件日益为少数人所占有，这种早期的农村货币借贷，逐步演化为拥有大量农业生产资料的富者盘剥缺乏生产、生活资料的贫困劳动者的高利贷形式，并一直延续下来，成为中国奴隶社会和封建社会中农村金融的基本形式。

二、半封建半殖民地社会中农村金融的形式

在中国进入了半封建半殖民地社会时，封建社会的生产关系在这一时期有

所动摇。然而，随着帝国主义列强对中国的入侵，资本主义生产关系与借贷关系开始输入中国。在国民党反动统治下，这种资本主义借贷关系与国民党政府的官僚买办勾结在一起，发展为官僚资本主义借贷，成为国民党统治阶级盘剥广大劳动群众，尤其是城市劳动者的新的剥削工具。而这一时期的农村，则由于商品生产和交换关系没有城市发达，官僚资本主义借贷关系在农村缺乏延伸的基础，使得农村的高利贷仍然成为旧中国农村金融活动的基本形式。

三、农村革命根据地中农村金融的形式

与此同时，在农村革命根据地开始出现了完全不同于国民党统治区官僚资本主义借贷和农村高利贷的新的农村金融活动形式，即革命根据地人民群众自发进行的以互助共济为宗旨的自由借贷活动，并很快地发展起来。当时，在发展革命根据地金融事业方面着手进行了两个方面的工作：一是创建具有社会主义性质的劳动银行、工农银行及中华苏维埃国家银行等银行机构，发行了根据地范围内流通的货币，开展了组织存款、发放贷款等银行业务，成为根据地金融事业发展的主导力量；二是倡导并帮助根据地群众建立自己的合作金融组织即农村信用合作社，有组织地开展以互助共济为宗旨的资金借贷活动，使之成为根据地金融事业的基础。上述两个方面共同构成革命根据地农村金融事业的主体，在打击农村高利贷剥削、解决根据地人民生产与生活中遇到的资金困难和促进根据地经济的发展以及支援革命战争等各个方面，都发挥了十分重要的作用。

尽管在革命战争年代建立和发展起来的工农银行、农村信用社等农村金融组织曾经因为革命根据地的一度沦陷而遭受严重的破坏，在革命根据地刚刚开展起来的带有社会主义性质的农村金融活动也曾一度萎缩，但随着革命战争走出低谷以及根据地的收复，革命根据地金融事业重新得到发展，工农银行、农村信用社等再度发展壮大，开展的农村金融活动内容日益丰富，活动规模也日益扩大。到了解放战争时期，随着解放区的逐步扩大、解放区政权的日益巩固与加强，以及解放区经济贸易的日益繁荣与发展，这种带有社会主义性质的农村金融事业进入了空前迅速的发展时期。随着解放区逐步连成一片和各解放区银行及其新开展的货币发行与流通，银行信贷与结算等活动逐步由分散走向统一，最后发展成为中央政权进入大城市之后城市金融事业的基础之一。在解放区各地普遍建立与发展起来的信用社等劳动群众合作金融组织，则较全面地承担起农村货币与资金融通的任务，并发展成为新中国成立之后中国社会主义农村金融的牢固基础。

四、新中国成立初期的农村金融

新中国成立初期，随着城市改造与建设的全面展开，在农村根据地和解放区开创的社会主义金融事业首先在城市得到了广泛、迅速的发展。在没收官僚资本银行、改造私营钱庄、建设国家银行、统一货币制度的基础上，刚组建起来的国家银行组织又把自己的基层机构延伸到农村各地，以原先在各解放区建立的银行组织为基础，在全国各个县建立了人民银行的县支行机构，在县以下的各区乡建立人民银行的营业所。在农村设立银行机构的同时，大力倡导并帮助农民发展资金互助组织，建立信用互助合作社，初步形成以国家银行为领导、以农村信用社为基础的社会主义农村金融体系。

此后，随着为了把小农生产引向社会主义道路而在农村推行的一系列改革的全面展开，农村金融领域的信用合作、农村生产领域的生产合作和农村物质资料流通领域中的供销合作共同构成农村经济领域的三大合作。三大合作分别在农村金融部门、农村生产部门和农村商业部门进行，它们既各自独立地发挥作用，又互相联系、互相促进、共同发展。信用合作作为三大合作之一，则在吸收储蓄存款筹集农村资金、发放贷款对农村资金进行再分配以及通过办理货币收支对农村资金进行管理等各个方面发挥作用，彻底取代了农村高利贷，有力地从资金上支援了农业生产的发展。而在这一时期，重新组建的中国农业银行吸取了前次组建不设分支机构、没有很好地发挥作用所以组建后不久就被撤并的教训，相应设立了中央、省、地、县各级分支机构，在全面办理农村存贷款、管理农村财政拨款以及领导农村信用社、促进农业生产和农村信用事业的发展等方面发挥了重要的作用，与农村信用社一起，共同开创了新中国成立初期社会主义农村金融事业欣欣向荣的大好局面。

五、社会主义建设初期的农村金融

生产资料社会主义改造完成以后，大规模社会主义建设时期到来。当时，按照苏联的银行体制，改革了中国金融体制，银行信贷、结算、货币管理制度以及银行自身的经营管理，结果形成了高度集中统一的、以行政办法管理为主的金融体制。农村金融组织体系受到这种体制制约和"左"的思想的影响，在较长时间里，几经反复和折腾，在很大程度上受到破坏，失去了应有的生机和活力，发挥作用的范围和程度受到了限制，与经济发展的客观需要很不适应。

农业合作化运动结束之后，由于受"左"的和"右"的错误思想的干扰，中国农村经济进入不正常的发展时期。随着大跃进与人民公社化的推进，农村生产关系的变革严重超越农村生产力发展实际，"三级所有，队为基础"成为基本的农村经济组织形式，农业生产与农村经济处在扭曲状态，农村金融事业在这一时期开始遭受挫折。首先，由于对农业、农村经济以及农村金融发展规律性的认识有偏差，中国农业银行这一农村金融体系的主导，在1957年4月再次被撤并；农村信用社这一农村金融体系的基础，随着人民公社化后社队集体经营对农户家庭经营的取代，失去了早期合作的基础，被划归人民公社管理。后来，农村信用社又进一步下放给生产大队管理，改变了合作金融的性质，蜕变为半官办的集体性质的金融组织，其业务活动也相应局限在为社队集体提供十分有限又较为单一的存、放、汇服务上。这一时期农村金融事业和农村经济一样，不仅没有得到正常发展，而且严重扭曲和萎缩。

中国经济的运行渡过了三年极为困难的时期之后，为了尽快扭转困难局面，对农业与农村经济的发展给予了充分的重视，制定了加快农业与农村经济发展的重要措施。在农村金融方面，先是恢复独立的农村信用社，并重新确立国家银行对农村信用社的领导地位；恢复中国农业银行，进一步延伸农业银行的基层机构，在公社一级设立农业银行的营业所。中国农业银行与农村信用社一起，在大力融通农村资金的使用效益、促进农业生产与农村经济尽快摆脱困境和加快发展步伐等方面发挥了重要的作用，农业生产、农村经济与农村金融事业再度出现生机。

但是，这一时期中国农业银行在基层机构设置上与人民银行出现重叠，在业务范围上与人民银行划分不清，1965年底精简机构时，农业银行再次被撤销。"文化大革命"开始后，在长达十年的政治动乱时期，农村经济以及整个国民经济走向崩溃的边缘，农村金融事业与其他经济建设事业一样，遭受到严重的破坏。

六、改革开放后的农村金融

党的十一届三中全会以后，中国进入改革开放新的历史时期，拨乱反正，重新确立以农业为基础发展国民经济的战略方针，制定和落实了一系列新的农村经济政策，极大地解放了农村生产力，促进了农村经济以前所未有的速度向前发展，农村金融业也有了很大的发展。

1979年农业银行在农村经济体制改革的大潮中恢复成立，重新确立中国农业银行在农村金融中的主导地位，指定由中国农业银行领导农村信用社。随着农村联产承包责任制的普遍实行，农户家庭重新成为农村基本生产经营单位，农村信用社开始了恢复合作金融性质的改革，初步焕发生机，为改革开放新时期农村金融事业的新发展奠定了必要的组织基础。1993 年 12 月国务院发布了《关于金融体制改革的决定》，要求通过改革逐步建立在中国人民银行统一监管和管理下中国农业发展银行、中国农业银行和农村合作金融组织密切配合、协调发展的农村金融体系。按照中国人民银行的安排部署，1994 年 4 月中国农业发展银行从中国农业银行分设成立，1994 年 12 月中国农业发展银行省级分行开始陆续成立，到 1995 年 4 月，除西藏、中国台湾外，中国农业发展银行在 29 个省、自治区、直辖市设立分行。1995 年中国农业银行开始按照颁布实施的《中华人民共和国商业银行法》，向商业银行转变。1996 年 8 月，国务院又作出《关于农村金融体制改革的决定》，要求建立和完善以合作金融为基础，商业金融、政策性金融分工协作的农村金融体系，开始进行农业发展银行省级以下分支机构的设立和农村信用社与农业银行脱离行政隶属关系的改革。农业银行逐步脱离了政策性金融业务，农业银行和农村信用社脱钩，行社分离，农村信用社开始恢复"三性"。1997 年，农业银行基本完成了作为国家专业银行"一身三任"的历史使命。但由于 1998 年农业发展银行背负不了粮食体制改革的巨大成本，又将原来由农业发展银行办理的扶贫贷款、农业综合开发贷款和粮食企业附营业务贷款划归农行办理。1999 年金融工作会议要求其他几家国有商业银行逐步退出县城金融，农业银行在县一级保留机构。

第二节　中国农村金融组织体系现状

目前，中国已初步形成了商业性金融、政策性金融、合作金融和其他金融组织功能互补、相互协作的农村金融组织体系。其主要包括：中国农业发展银行、国家开发银行（农业信贷部分）、国家开发投资公司（农业信贷部分）；中国农业银行、农村合作银行、农村信用合作社和邮政储蓄银行；中国农村发展信托投资公司和中国经济开发信托投资公司（农业信贷部分），如图 3 - 1 所示。在这些组织机构中，中国农业发展银行、中国农业银行、农村信用合作社是全部农村金融活动中的绝对主体，并呈三足鼎立之势。

一、中国农业发展银行

中国农业发展银行是直属国务院领导的金融性机构，其主要任务是：按照国家的法律、法规和方针、政策，以国家信用为基础，筹集农业政策性信贷资

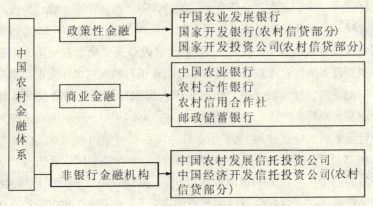

图 3 - 1　中国农村金融组织机构图

金，承担国家规定的农业政策性金融业务，代理财政支农资金的拨付，为农业和农村经济发展服务。中国农业发展银行实行独立核算，自主、保本经营，以及企业化管理的经营方针，在业务上接受中国人民银行的指导和监督。

1. 资金来源

中国农业发展银行的注册资金为 200 亿元人民币，其中一部分从中国人民银行、中国工商银行现有信贷基金中划转，其余部分由财政部划拨。营运资金的主要来源是：业务范围内开户企业单位的存款、发行金融债券、财政支农资金、向中国人民银行申请再贷款和境外筹资。

2. 组织机构

中国农业发展银行在机构设置上实行总行、分行、支行制。总行设在北京，其基本职责是：制定本系统的中长期发展规划和年度计划，并确定工作方针和具体任务；制定系统内各项规章制度；负责运用和管理中国农业发展银行的资产及负债；负责向中国人民银行借款的统借统还；调剂系统内资金；安排国家确定的重点支农项目贷款。

中国农业发展银行在省、自治区、直辖市设立分行，在计划单列市和农业大省的地（市）设立分行的派出机构，在农业政策性金融业务比重大的县（县级市、区）设立营业机构。上述分支机构的基本职责是经营、管理中国农业发展银行的政策性信贷资金。中国农业发展银行对其分支机构实行垂直领导的管理体制（如图 3 - 2 所示）。

截至 2008 年 12 月 31 日，中国农业发展银行共有各级各类机构 2 151 个，其中，总行 1 个、总行营业部 1 个、省级分行 30 个、省级分行营业部 30 个、地（市）分行 302 个、地（市）分行营业部 193 个、县级支行 1 594 个（含县

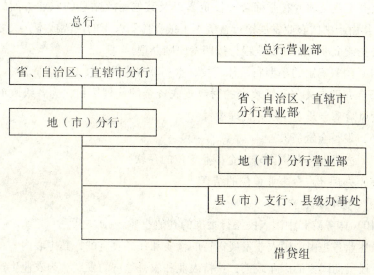

图 3-2　中国农业发展银行组织机构图

级办事处 3 个）。

3. 业务范围

中国农业发展银行是直属国务院领导的金融性机构。其主要任务是：按照国家的法律、法规和方针、政策，以国家信用为基础，筹集农业政策性信贷资金，承担国家规定的农业政策性金融业务，代理财政支农资金的拨付，为农业和农村经济发展服务。

中国农业发展银行的业务界定必须坚持以下三个基本标准：一是关系到国计民生，一时还难以完全市场化，必须由国家控制或扶持，并经国务院认可的重要农副产品收购和农业项目的信贷业务；二是国务院确定的，并相应落实了资金和利益补偿来源的专项信贷业务（如扶贫贴息贷款、农业综合开发贷款）；三是对政策性信贷资金的封闭运转起关键性作用的企业或连带项目的信贷业务。《中国农业发展银行章程》规定，中国农业发展银行经营和办理下列业务：

（1）办理由国务院确定、中国人民银行安排资金并由财政予以贴息的粮食、棉花、油料、猪肉、食糖等主要农副产品的国家专项储备贷款。

（2）办理粮、棉、油、肉等农副产品的收购贷款及粮油调销、批发贷款；办理承担国家粮、油等产品政策性加工任务企业的贷款和棉麻系统棉花初加工企业的贷款。

（3）办理国务院确定的扶贫贴息贷款、穷苦边远地区经济发展贷款、贫困县县办工业贷款、农业综合开发贷款以及其他财政贴息的农业方面的贷款（1998 年由于中国农业发展银行背负不了粮食体制改革的巨大成本，又划归给国家委托或批准的业务农业银行按四专原则办理）。

（4）国家确定的小型农、林、牧、水利基本建设和技术改造贷款。

（5）办理中央和省级政府的财政支农资金的代理拨付，为各级政府设立的粮食风险基金开立专户并代理拨付。

（6）发行金融债券。

（7）办理业务范围内开户企事业单位的存款。

（8）办理开户企事业单位的结算。

（9）境外筹资。

（10）国务院和中国人民银行批准的其他业务。

上述业务是由中国农业发展银行的性质和任务决定的，其中心内容就是以信贷手段贯彻国家的产业政策，扶持农业和农村经济的发展。为农业生产和流通提供长期低息贷款，是中国农业发展银行的主要业务，这也是贯彻政府发展农业的政策目标的最重要手段。这些政策性贷款主要用于重要农副产品的收购和储备加工、兴修农田水利等基本建设工程、农业生产技术改造和开发推广利用、农产品基地建设、农业机械化和良种化推进、土壤改良，以及其他农业商业金融机构不愿意或不能提供的旨在改善农业生产条件和保护生态环境的资金需要。

随着新农村建设的全面推进和农村金融体制改革的不断深化，中国农业发展银行进入重要发展机遇期。站在新起点，面对新机遇，中国农业发展银行将一如既往地把贯彻执行党和国家政策放在首位，进一步发挥政策性银行在服务国家宏观调控、促进"三农"发展中的职能作用，努力做政府的银行；将一如既往地坚持改革创新，积极配合中国农业发展银行外部配套改革，按照发展空间合理、治理结构科学、体制机制健全、经营管理规范、操作手段先进、具有可持续发展能力的要求，完善体制机制，强化经营管理，努力打造现代农业政策性银行；将一如既往地以支持国家粮棉购销储业务为主体，以支持农业产业化经营、农业农村基础设施建设和生态农业建设为重点，努力培育"建设新农村的银行"的品牌形象，做支持新农村建设的银行。

二、中国农业银行

中国农业银行是以经营农村商业性信贷业务为主的国有商业银行，它要按照现代商业银行经营机制运行。按照国务院《关于金融体制改革的决定》，中国农业银行转变为国有商业银行后，第一，要贯彻执行自主经营、自担风险、自负盈亏、自我约束的经营原则；第二，总行要强化集中管理、提高统一调度资金的能力，全行统一核算，分行之间不允许有生产交易行为；第三，一般只允许总行从中央银行融资，总行对本行资产流动性及支付能力负全部责任；第四，国有资产产权按国家国有资产管理的有关法规管理。此外，中国农业银行的一切经济活动必须遵守国家有关金融的法律法规，并接受中央银行的监管。

1. 组织机构

农业银行的组织机构体系是实行总行、分行、支行制，总行设在北京，省、自治区、直辖市设分行，地区（市）设中心支行，县（县级市）设支行，区（乡）设营业所。截至 2000 年年末，中国农业银行拥有分支机构 50 000 多个，其中一级分行 32 个，直属分行 5 个，总营业部 1 个，培训学院 3 个，二级分行 301 个，支行级机构 3 280 个，其中县（市）支行 1 687 个。农业银行各级分支机构接受中国农业银行总行垂直领导，业务上要接受同级中国人民银行的协调、指导、监督和检查。

2. 业务范围

中国农业银行的主要职责是：按照国家的法律、法规和方针、政策，以国家信用为基础，按照现代商业银行的经营机制运行，综合经营以农村业务为主的商业性信贷业务，讲求经济效益，在为农村经济发展提供金融服务过程中谋求自身的发展壮大。中国农业银行传统的业务经营范围是：

（1）办理农村机关、团体、部队、企业、事业单位存款，农村合作经济组织和个体工商业存款，个人储蓄存款。

（2）办理国营农业、乡镇企业、集体经济组织、农户和农村国营、集体工商企业、个体工商户等各项贷款。

（3）办理农村信用社的存款和贷款。

（4）办理转账结算和现金结算。

（5）办理商业汇票兑贴现业务。

（6）办理信托贷款及委托、代理租赁、咨询等各项业务。

（7）办理国际金融组织的农业信贷和中间贷款。

（8）经批准办理外汇存款、贷款业务。

（9）经批准发行金融债券，代理股票、债券发行及转让业务。

（10）办理中国人民银行委托的有关财政存款和金银收售业务。

（11）办理国家委托或批准的业务。

三、农村信用合作社

农村信用合作社（以下简称"农村信用社"）是由农村居民按照自愿互利原则入股建立起来的社会主义集体所有制的合作金融组织。它是一个有着亿万群众参加的，与农村生产合作、供销合作密切联系、相互促进，为发展社会主义商品经济服务的合作金融的一种形式，是中国社会主义农村金融组织体系的重要组成部分；并同其他合作经济组织一样，体现出信用社的"三性"，即组织上的群众性、管理上的民主性和经营上的灵活性。

农村信用社是劳动群众自筹资金根据自愿互利原则组织起来的群众性信用服务组织，其财产属于入股社员集体所有，其宗旨是通过开展存贷业务，为群众生产和生活服务，这反映出其在组织上的群众性。

农村信用社要实行民主管理，信用社的社员代表大会是它的最高权力机构，下设理事会，按照社员代表大会的决议进行经营管理，并定期向社员大会汇报工作。监事会对理事会的工作进行监督，使社员代表大会的决议能顺利通过，这反映出其在管理上的民主性。

农村信用社实行自主经营、自负盈亏、自担风险的经营模式。信用社的资金来源是农村储蓄、集体存款；资金运用是对农村集体经济和广大农民发放贷款，它取之于民，用之于民，灵活多样地为群众服务。信用社的盈余，除按股金分红外，其余转为公共积累，充实信贷基金，由信用社支配使用，这反映出其在经营上的灵活性。信用社除了具有一切合作经济组织所共有的"三性"以外，还具有作为合作金融组织的特殊性质，即信贷资金的有偿性、资金的互助性、对农村经济活动的调节性。

1. 组织机构

农村信用社的组织机构是根据农村经济情况和信用活动的特点，本着深入农村、方便群众、小型多设和符合经济核算的原则设置的。

目前，农村信用社一般按乡设置，也有少数是和几个村联合或在一个大村设置的。乡以下的小集镇或边远地方设信用分社。信用分社作为信用社的派出机构，不实行独立核算，定期向信用社并账和并表。但是，随着农村商品生产和商品交换的扩大，为了满足承包户、专业户的需要，信用社的机构要向下延伸，信用社除乡一级设置外，必须普及和加强乡以下的信用机构。

一般村设信用站。信用站是信用社的代办组织，不是独立核算单位，由信用社统一调剂使用，盈亏由信用社统一核算，信用站代办业务只收取一定的手续费。信用社实行社、站两级管理，一级核算。信用站的基本业务是在本站范围内，办理农户储蓄存款，发放与收回农户贷款，帮助农民群众解决生产和生活困难。

在县一级设立信用合作联社，也称县联社。县联社是各个基层信用社根据业务经营需要，自愿组成的联合组织。它可以在更大范围内调剂农村资金余缺，解决各信用社单独不能解决的问题，由县联社领导协调各信用社有关业务，以保证国家宏观调控和管理意图能够顺利贯彻至信用社的微观操作之中。县联社领导人由全县信用社代表大会选举产生，县联社也是组建农村合作银行的组织基础。

2. 任务和业务范围

农村信用合作社，在不同的历史时期承担着不同的任务。农村信用社任务的确定，基本上根据三个方面的情况：一是国家在不同历史时期的革命和建设的中心任务；二是广大劳动群众为了解决生产和生活上的资金困难而提出的要求；三是农村信用社的信用业务的发展状况。

现阶段，农村信用社的任务是以提高经济效益为核心，包括以下几方面：

（1）大力组织农村资金，为发展农村商品经济积聚资金力量。针对这一要求，农村信用社应拓宽业务领域，利用多种信用工具，为商品生产者提供产前、产中、产后的多功能的金融服务。

（2）在国家法令、政策、计划的指导下，积极发放贷款，发挥民间借贷作用，帮助农户和合作经济单位解决生产、流通、服务、生活等各方面的资金需要，促进农村经济发展，帮助农村脱贫致富。

（3）认真办好结算业务，疏通商品流通渠道，为集体企事业单位和农户办理购销结算提供方便，促进商品流通。

（4）通过信贷和利率等经济杠杆，发挥农村信用社在农村信贷生产上的作用。引导农村自由借贷向有利于社会主义经济的方向发展，打击农村高利贷剥削活动。

（5）支持"科技兴农"的深入发展，逐步把贷款工作同推广农、林、牧、副、渔各业的科学技术密切结合起来，促进先进的科学技术在农村中的推广和应用。

四、农村民间借贷

新中国成立以来，我国农村民间借贷一直处于虽不禁止，但也不鼓励的状态。随着农村商品经济的蓬勃发展，农村民间借贷活动呈现快速发展之势。在当前社会经济条件下，有必要重新认识当前的农村民间借贷现象。

（一）农村民间借贷现状的特点

目前，农村借贷主要有两个方面，一个是以银行和信用社为主体的正规借贷机构发生的借贷，另一个是相对于官方借贷而言的民间借贷。民间借贷是指那些没有被官方监管、控制的民间金融活动。作为社会主义市场经济融资功能的补充，民间借贷在我国的存在由来已久。改革开放后，尽管由于认识上、政策上的原因导致了农村民间借贷的发展历经波折，但随着农村多种经济成分的崛起和农村金融体制改革的深入，民间借贷逐渐活跃，形式也趋向多样化，融资的范围和内容也不断扩大。从总体上来看，当前农村民间借贷现状的特点主要有以下五个方面：

（1）农村民间借贷规模逐步扩大。1996年开始新一轮农村金融体制改革，国有商业银行逐渐退出农村金融市场，脱钩后的农村信用社整体还没有走出亏损。而随着农村经济的快速发展，农村信用社远远不能满足农村经济增长对资金的需求，因而农村民间借贷活动日趋活跃。

（2）农村民间借贷方式的多样化。一是口头约定型。这种情况大都是在亲戚朋友、同乡、同事、邻居等熟人中进行。他们完全靠个人间的感情及信用行事，无任何手续。二是简单履约型。这种借贷形式较为常见，双方只是简单履行一下手续，大都是仅凭一张借条或一个中间证明人即可成交。借款期限或长或短，借款利率或高或低，凭双方关系的深浅而定。三是高利贷型。在利率下调和开征利息税的情况下，个别富裕农民把目光投向了民间借贷，他们以比银行贷款利率高出许多的利率将款项借给急需资金的人或企业，从而获取高额回报。

（3）农村民间借贷服务对象复杂，以个体工商户、私营业主为主。由于商业银行对个体工商业贷款审批非常严格，而农村信用社又以农户小额信用贷款为主，导致个体工商户和私营业主基本上成为信贷支持的盲区，因此，只有从民间寻求支持，这也是民间借贷主要倾向个体工商户和私营业主的主要原因之一。

（4）农村民间借贷的资金用途以生产经营为主，生活消费为辅。当前民间借贷已从生活消费型转向以生产、经营和投资为主。原来因缺衣少食，用于生活消费的民间借款已经很少，现阶段民间融资的范围和用途发生了根本改变，主要用于解决企业、各种农村专业户、个体工商户等生产经营资金的不足。

（5）农村民间借贷的借贷利率差别较大，高利贷现象突出。随着民间借贷的发展，其参与主体日渐多元化，利率由借贷双方自行协商确定，一般据借款的主体、借款的用途、借款的缓急程度、借款的时间长短而定。民间借贷除了亲戚、朋友之间不计算利息或者极少部分参照银行的贷款利率外，利率一般随行就市，比一般商业银行贷款利率要高出很多。

（二）农村民间借贷快速发展的原因

（1）正规金融缺位是民间借贷快速发展的原因之一。与农业有关的正规金融机构包括中国农业发展银行、国家开发银行的农村信贷部分、中国农业银行、中国农村信用合作社。由于中国农业发展银行以及国家开发银行均不对农户及乡镇集体等贷款，所以只有中国农业银行和农村信用合作社在农村发挥着调剂资金的重要作用。但是中国农业银行在进行商业化改革后，顾及到自身的经济利益，已经大量地撤并了在农村的分支机构。农村信用合作社成为现阶段支农的主力军。但是农村信用社资产质量差，服务手段单一，业务仍主要为传统的吸储放贷业务。然而在农村地区，农户的数量多，经营规模小，平均资金需求量较少。正规金融部门若要满足农村的资金需求，则需要增加农村的营业网点，但对其进行信用评估，监督贷款的使用，会导致营业成本的大幅度上升，所以从成本收益的角度分析，正规金融部门在农村扩展其业务所得到的收益会远小于其成本，所以农户很难得到正规金融部门的支持。因此，农村经济的发展，渐渐开始依靠自我积累和民间借贷。

（2）民间借贷自身的优点是民间借贷快速发展的原因之二。与农村正规金融系统的"外生性"不同，民间借贷一个突出的特征是乡土社会内生的，借贷活动通常要以亲戚、朋友等亲缘、乡缘社会关系为依托，在一个或远或近的人伦关系范围中进行。因此，一方面在借贷过程中利用了长期累积而来以亲情和友情为内容的低廉的"乡土信用"以及不僵化的规章制度，既不用抵押也不用担保，手续简单（建立在道德基础上的隐性合同），中间环节少，同时在资金使用期限上能较好地满足借款者的实际需求；另一方面在由本乡本土的"熟悉人"构成的地域环境中，不仅对借款人的经济状况、还款能力有清楚的了解，而且还深谙借款人的道德品格、资信情况，有利于解决正规金融系统的信息不对称问题。这两方面就促成民间借贷的灵活、方便、快捷、预算约束硬化、借贷双方信息对称、契约成本低微等得天独厚的优势。正是这些内在的比较优势，给农户以特殊的吸引力，使得农户比较容易接受。

（3）农村闲散资金的趋利本性是民间借贷存在的原因之三。国家先后八次降息，使得许多有闲散资金的农户或企业不愿意把资金放在银行，但是农村又缺乏除民间借贷之外的其他投资手段，如购买债券、股票、投资基金等。因此，许多资金拥有者只能把资金投入到民间借贷市场，以期获得一份相对丰厚的收益。民间借贷具有市场化的利率，比银行的利率高出许多，而且由于具有信息优势，获得收益具有一定的保障，农村的资金拥有者也愿意向资金需求者提供资金，这样可以获得借贷双方的双赢。这种资金持有者的趋利性在一定意义上也促进了农村民间借贷的迅速发展。

（三）农村民间借贷的正负社会效应

民间借贷与正规金融间存在着此消彼涨的关系与替代效应。农村民间借贷的正社会效应，决定了它对社会和经济发展有着一定的积极作用，即对政府正规金融服务的补充。其具体表现在以下两个方面：

（1）农村民间借贷的发展促进了金融市场资金的供需趋于平衡。民间借贷的广泛存在，在极大程度上缓和了正规金融机构在农村地区出于信用风险考虑而"难贷款"和农户因缺少担保、抵押而"贷款难"的两难情景下造成的资金困境，弥补了由此而来的金融漏洞，并使农村金融市场供求趋于平衡。

（2）农村民间借贷的发展有助于打破金融市场的垄断局面，形成一种竞争氛围，推动正规金融机构的改革创新。民间借贷是市场竞争的一个有力参与者，它对正规金融机构的替代效应会加大金融改革的外在压力，迫使正规金融机构在竞争中对其存在的问题和不足进行反思，进行体制创新，实现自身的重组与发展。

尽管农村民间借贷有着一定的积极的社会作用，但是，它本身又是一种带有自发性和盲目性的市场行为，若对之放任自流，任其自然发展，又会对社会经济和金融秩序产生许多负面的影响。其主要体现在以下三个方面：

（1）影响正常金融秩序，干扰商业银行和信用社正常的信用活动，扰乱农村资金市场。一些民间借贷操作极不规范，借贷方式非常简单，有的仅有口头约定，有的即使有借据也不规范，至于担保、抵押和质押等方式更是很少有人采用。由于缺少有效的约束手段，极易产生经济纠纷，加之民间借贷的利息率一般都高于信用社的浮动利率，因此有些暂时持有闲置资金的农民和企业不愿意把资金存入银行和信用社，而千方百计地寻求民间借贷的对象，企图谋取高利，这就必然减少银行和信用社的信贷资金来源，影响信贷业务的开展。

（2）农村民间借贷易产生纠纷，给农村社会增加了不稳定因素。农村民间借贷是一种自发、盲目、分散的信用活动，没有组织领导，缺乏制约保障机制，容易出现纠纷。农村民间借贷具有为追求高盈利而冒险或投机的一面，多属私人交易行为，更无跟踪监控机制。由于利益所致，民间借贷很容易导致亲疏怨恨，甚至酿成祸患，引发纠纷事件，不利于农村社会的安定和团结。

（3）农村民间借贷给国家宏观调控带来困难。由于目前对民间借贷活动的监督机制还不完善，一方面导致部分民间借贷演变为高利贷，给社会安定和经济发展带来不稳定因素；另一方面，民间借贷活动在金融机构之外进行，造成大量资金体外循环，干扰了金融机构业务的正常运转，给国家的货币政策造成冲击。

（四）农村民间借贷的政策建议

民间借贷作为一种社会信用补充形式和传统融资方式，与正规金融存在此消彼长的替代效应，有其利弊的双面性。因此，应对农村民间借贷加以引导和管理，使之有效、规范地运行，在农村经济发展中更好地发挥其积极的作用。

（1）政府部门对待经济发展中的民间借贷要改变放任自流的做法，做到正确引导，堵、疏结合。一方面，尽快出台《农村民间借贷管理条例》，将民间借贷纳入法制化轨道，纳入金融监管范围，为规范民间借贷构筑一个合法的活动平台。另一方面可在民间借贷活跃地区设立相应管理机构，为借贷双方当事人在借据合同的规范性、利率的法律有效性等方面提供咨询和指导，并对因借贷引起的纠纷进行调解。

（2）深化农村金融改革，拓宽金融产品的宽度，提升服务水平。农村民间借贷与正规金融机构有较强的负相关性。正规金融机构投入的增加不但将直接压缩民间借贷的存在空间，而且通过两者间市场份额的消长形成强大的示范效应，引导农村民间借贷自觉将行为置于制度约束之下。为此，农村金融机构要继续深化改革，增强在农村金融市场上的竞争力。

第三节　国外农村金融组织体系比较

金融是市场经济的核心，国外农村经济发展的多层次性，要求既要有以农村工商企业为服务对象的商业性金融机构，也要有主要为农户服务的合作金融机构，还要有支持农业开发和农业技术进步、保证国家对弱质产业支持的政策性金融机构，以形成能够为农业发展提供及时有效服务的农村金融组织体系。国外农村金融组织体系的创立和发展已有很长的历史，对于支持和保护农业，平稳促进农村经济现代化和国家工业化都起了重要作用。

一、美国的农村金融组织体系

美国农村金融制度的创立较欧洲各国晚，但由于政府重视，在发展过程中不断调整改革，日趋系统化和合理化，以至于形成了被西方一些国家认为是当今组织比较完善、工作效率较高的农村金融组织体系。美国农村金融组织体系概括起来，可分为三大类：私营机构，包括商业银行贷款及个人和经销商的贷款；属于农场主合作体系的农业信贷系统；美国政府直接办理农贷的农业信贷机构。这种农村金融组织体系的基本格局是：以私营机构及个人的信贷为基础，以农场主合作金融的农业信贷系统为主导，辅之以政府农村信贷机构的三方面相结合的庞大体系。

1. 私营金融机构

私营金融机构主要包括历史悠久的商业银行、人寿保险公司以及个人和经销商的贷款。

（1）商业银行

由于历史悠久、机构多，20世纪30年代以前，商业银行就普遍经办农业贷款，有比较完备的制度和较强的竞争能力，因此，商业银行在农业信贷中一直处于极为重要的地位。

（2）人寿保险公司

人寿保险公司只提供长期贷款，是其资金运用中的一个组成部分，其长期贷款高于商业银行长期贷款的比重。

（3）个人和经销商的贷款

由于美国农业生产具有"家庭经营"的历史传统，所以个人和经销商也提供农业信贷，对农业的信贷为商业信用，其中多为按月结算，介于中短期贷款范畴，这种贷款既方便购买，保证货源，又有助于推销产品，因而得到广泛应用，在农业信贷中也起着重要作用。

2. 合作农业信贷系统

在美国农业信贷中居于主要地位的是由政府倡导、组织的农场主合作金融组织体系的农业信贷系统。1916年美国政府制定了农业贷款法案，并着手建立农业信贷系统，发展以农场主私有经济为基础的农业合作金融，建立各种办理农贷的专业银行及其基层机构，主要有三类：

（1）办理长期贷款的联邦土地银行和联邦土地银行协会；

（2）办理中短期贷款的联邦中间信贷银行和生产信贷协会；

（3）对各种农村合作社提供资金的合作社银行。

作为基层机构的信贷协会遍布全国农村，形成了一个全国性的农业信贷网，其资金来源除创立初期由政府拨出巨资创办的资本外，三类专业银行均按照其合作性质由借款人和合作社入股积累自有资本。随着自有资本积累的增多，到20世纪60年代政府资本陆续退出，各个专业银行就由借款的农场主及其所组成的农村合作社所控制，成为农场主共有的合作农业信贷系统。美国全国有 50 个州，划分 12 个农业信贷区，每一个信贷区分别设一个联邦土地银行及其土地银行协会、一个联邦中间信贷银行及其地方生产信贷协会和一个合作社银行。合作社银行除在各地区设立外，还在科罗拉多州的丹佛市设有一个中央合作社银行，配合地区合作社银行提供大额贷款。

在政府的扶持下，合作农业信贷系统经过 50 多年的经营，到 1986 年，联邦土地银行的长期贷款占全部农业长期贷款的 42.3%，生产信贷协会的中短期贷款占全部农业中短期贷款的 14.7%。整个系统直接对农场的贷款，从 20 世纪 70 年代后期起就超过商业银行的农贷，处于领先地位，在组织和动员农业本身和社会资金向农业投资、促进农业的现代化发展方面，发挥了较高的效益，起着显著的作用。

3. 政府农村信贷机构

美国政府在倡导、组织农业合作金融的同时，还建立了政府直属的农村信贷机构，包括商品信贷公司、小企业管理局、农村电气化管理局。这类机构均由政府拨款办理，如救济受灾农民、扶持新创业农民、支持农村社区发展的长期低利贷款，以及对农产品进行价格支持的抵押贷款、农村电气化管理局对农业合作社及公私的公用事业贷款。在一般情况下，当私人借款机构不予提供金融援助时，才由政府机构直接发放贷款，以弥补农业资金渠道的不足。这类信贷机构在各种农贷渠道中所占的比重虽然一直不是很大，但在对上述特定贷款对象和用途提供资金方面，起着不可替代的拾遗补缺作用，是农民的最后依靠。

二、日本的农村金融组织体系

日本现代的农业金融制度是在第二次世界大战以后建立的，在这一制度中，以民间合作性质的农业金融机构为主体，以政府的政策性金融机构——农村渔业金融公库为重要补充，此外，还有商业银行等兼营农业金融业务。

1. 日本的合作农业金融机构

日本的合作农业金融机构共分三级：中央一级为农林中央金库，简称"农林中金"；都、道、府、县一级为信用协同组合联合会，简称为"县信联"；基础一级为农业协同组合。

农林中央金库原名为"产业组合中央金库"，成立于 1923 年，1943 年改组为专门的农林金融机构，其名称改为"农林中央金库"，简称"农林中金"。第二次世界大战期间，"农林中金"由国家统治，为战争服务，1947 年经整顿成为农协组合系统金融组织的最高机构。最初，农林中央金库是政府和农民团体共同出资建立的，政府出资 20 亿日元。1959 年，偿还了政府的资金，农林中央金库成为纯粹的民间组织。1979 年该组织共有股东 11 225 家，资本达 300 亿日元。

目前，日本共有 37 处合作农村金融分支机构，2 983 名职工。都、道、府、县级信用农业协同组合联合会是专门从事信贷业务的金融机构。日本的每一个都、道、府、县都设有联合会，全国共有 40 多个。基层的农业协同组合，没有设立独立的金融机构，而是由基层农协办理。它的信贷业务主要是吸收当地居民的存款，帮助会员解决生产和生活资金的短缺。

2. 农林渔业金融公库

农林渔业金融公库是 1953 年 4 月正式成立的，它的宗旨是在农林渔业者向农林中央金库及其他一般金融机构筹资发生困难时，提供低利、长期资本以增进农林渔业的生产力。1955 年根据《自耕农维持资金融通法》，在宗旨中又加进了对农业生产者提供维持自耕地、防止分工过细所需资本提供贷款的条文。日本农林渔业金融公库成立之初，主要是向土地改良、造林、渔港等基础建设方面提供低利贷款，后来随着农业发展和政策的需要，贷款的范围扩大了。政府在增加农业政策性贷款的同时，也加大了财政补贴力度，如对用于土地整治、购置大型农业机械和设备、农业生产技术的改造等方面的贷款，政府给予的补贴达 50%。

农林渔业金融公库的资金来源主要有三个方面：一是财政拨款。日本的农林水产预算占财政预算总额的 10% 左右。这部分资金主要用于为土壤改良、农用地的开发、农地建设、造林、乡间道路和渔港等生产性基础设施的建设提供贷款，以及对维持和稳定农林渔业的经营条件所需资金提供货款。二是借入资金，主要是借自简易保险年金及特别会计资金。三是自有资金。

在农林渔业金融公库建立初期，预算资金占主要的地位，占到 60% 左右。随公库业务的发展，借入资金占的比重不断增加，到 20 世纪 80 年代已占到 90% 以上。农林渔业金融公库的贷款方式起初是通过其他金融机构委托贷款，1958 年后开始直接贷款。一部分贷款由日本农村转贷给需求者，借款利率较低，年率为 3.5% ~ 8.2%，偿还期为 10 ~ 45 年。

1994 年年底，农林渔业金融公库共下设 21 家省级分行，其总行和各省级分行业务自营比重达 40% 以上。

三、法国的农村金融组织体系

法国办理农业信贷业务的银行共有四家，即农业信贷银行、互助信贷联合银行、大众银行和法国土地信贷银行。这些银行都是官方的或受官方控制的机构，在银行系统中的地位相当重要，其他商业银行和地方银行也办理少量农业信贷。法国农业信贷合作社有两大系统，即国家农业信贷银行系统中的信用社和独立的农业信贷合作社。

1. 农业信贷银行

法国农业信贷银行是法国农村金融的主体，在农业信贷业务中占有重要的地位，是法国最大的银行，也是欧洲和世界大银行之一。1926 年，农业信贷银行由全国 94 个农业互助信贷银行和国家农业信贷金库（官方）联合组建而成，总部属国家银行性质，各省行及新属地方信贷合作社为合作信贷组织，是一个半官半民性质的全国性农村信贷银行。其分支机构遍布全国城乡，据1982 年底统计，其在全国设有的营业机构占四家银行的 48.4%，组织资金数占 66.2%，发放贷款数占 72.3%。由于国家给予的特权，农业信贷银行不仅垄断了有关农业方面的信贷业务，还不断向其他银行业务范围扩展。该行对法国的农业发展和农村建设起了很重要的推动作用。

2. 互助信贷联合银行

互助信贷联合银行从 1920 年开始，在农村少数信贷合作社联合组织的基础上建成，也是全国性的农村信贷银行，受官方控制。总行设在巴黎，在各省设有分支机构，业务面较广，基层为经营与农业有关的地方金库和经营全面业务的地区金库，全国约有 3 000 个此类地方金库、信贷社和小银行。据 1982 年底统计，其在全国城乡设有的营业机构占农村四家银行的 34%，吸收存款占16.9%，发放住房、家庭用品等贷款占 9.5%。

3. 大众银行

大众银行于 1917 年建立，是合作性质的农村信贷银行，受官方控制。总部设在巴黎，在一半的省设有分支机构，其资金来源为吸收存款和办理再贴现，资金运用是专门为中小企业、自由职业者、会员提供短期和中期贷款。据1982 年统计，其营业机构占四家银行的 13.1%，组织资金占 16.9%，发放贷款占 13.1%。

4. 土地信贷银行

法国土地信贷银行成立于 1852 年，是一家股份有限公司，但与国家有着密切的联系，实际上是一家半官方机构，董事长和两名副董事长都是由国家任命的。该行业务主要有：①传统业务。其主要指通常的土地信贷和对地方上的信贷，在农村办理购买农业用地、农业生产设备、住房、校舍和市政环境改造等短、中、长期贷款，对长期贷款国家给予补贴。②特别贷款业务。第二次世界大战后法国为了解决住房危机，在 1950 年通过法令规定一套鼓励住房建设的措施，主要是对建造成本不超过一定限度的房屋建筑给予一定的补贴和特别贷款，均通过土地信贷银行发放。该行补贴利息贷款约占一半。③其他业务。一种是对某些中期票据的贴现，另一种是替国家办理的某些贷款业务。法国土地信贷银行曾多次替国家发放救济性贷款，如用社会经济发展基金向归侨发放援助贷款等。该行的资金来源主要靠发行各种债券，其次是自有资金和向客户吸收到的存款；另外还有一部分来自国家，如全国改善住房条件基金、国库和社会经济发展基金等机构的贷款。

四、印度的农村金融组织体系

印度是发展中的农业大国，从 20 世纪 60 年代中期起，印度实施"绿色革命"，其内容是以推行现代化农业技术为中心，辅之以农业信贷、财政补贴和农产品价格支持等一系列政策措施刺激农业成长。在这一过程中，印度农业金融制度也逐步得到发展。

印度农村金融组织体系由农村合作信贷机构、国有商业银行和政策性金融机构组成。农村合作信贷机构是最主要的农业金融机构，提供长期、中期和短期贷款。商业银行虽从 1953 年才涉足农业信贷，但发展却非常迅速，已成为仅次于农村合作信用机构的农业金融机构。同时，印度农业政策性金融机构在农村经济中也发挥着十分重要的作用。

1. 农村信贷合作机构

印度的农村信贷合作机构可分为提供短中期贷款和长期贷款两大类。短中期一般指 1 年以下，至 15 个月内，超过此期限的为长期贷款，期限最长15 年。

（1）初级农业信贷社

初级农业信贷社是基层农村合作信贷机构，是根据 1904 年印度"农业信贷合作社法案"建立的。它直接向社员提供贷款，期限一般为一年。1950—1951 年全印度共有初级农业信贷社 10.5 万个，后经整顿，1982 年 6 月降至9.46 万个，分布在 96% 的农村地区。1950—1951 年提供贷款 2.3 亿卢比，1980—1981 年增加到 170 亿卢比。

（2）中心合作银行

中心合作银行是全县范围内初级信贷社联合机构，是为解决初级农业信贷社资金不足而建立起来的，主要任务是向初级农业信贷社发放贷款，平衡各个初级农业信贷社的基金。

中心合作银行的资金来源，除了股本外，还有群众储蓄和投资所得，不足部分由上级信贷合作机构弥补。中心合作银行为季节性农事工作提供 15 个月的短期贷款，同时为购买牲畜、水泵、打井和修井以及改良土壤等发放 1 ~ 5 年的中期贷款。1989—1990 年全印度共有中心合作银行 352 家，发放贷款733.3 亿卢比。

（3）邦合作银行

邦合作银行是全邦合作信贷的最高组织机构。其资金来源是个人存款和中心合作银行的储备，但最主要的还是印度储备银行、印度农业中间信贷和开发公司的信贷资助，其中印度储备银行的信贷是最重要的资金来源，有的邦合作银行 90% 的资金来自印度储备银行。邦合作银行为促进各种农事活动和农产品流通提供不超过 18 个月的短期贷款。目前全印度 27 个邦都有邦合作银行，1983—1984 年放款额达 442 亿卢比。

（4）土地开发银行

印度政府为了适应长期贷款的需要，成立了土地开发银行。土地开发银行分两级，高层是每个邦中心土地开发银行，基层是初级土地开发银行。土地开发银行为农民购买土地、偿还旧债、赎回土地、修建小型灌溉、实施农业机械化，以及为养鸡、养羊、养牛和养鱼等有关农业发展的项目提供长期贷款，期限 10 ~ 20 年不等。土地开发银行的资金来源主要是股本和积累储备、公众存款和发行债券；发行债券是土地开发银行长期贷款的主要来源。1987—1988年两级土地开发银行贷款额为 75 亿卢比。

2. 农业政策性金融机构

印度银行国有化后，中央银行规定各家银行都要把贷款的 40% 投向农村。现在，各家银行在农村的机构遍布各个角落，庞大的农村信贷网络基本建成，平均每 1.7 万农村人口就有一个银行机构。

（1）印度储备银行

印度储备银行是印度的中央银行。1954 年实行农村信贷一体化规划后，印度储备银行就开始参加农村信贷活动，并发挥领导作用，专门增设了农业信贷理事会，负责制定和评估农村信贷政策，并设有农村信贷小组，负责协调各种农村信贷机构的活动。

印度储备银行除了通过邦合作银行提供农业季节性贷款和农产品销售贷款的短期农贷外，还发展到大量提供中期和长期农贷。短期农贷期限一般不超过15 个月，利率比银行通行利率低 2%。印度储备银行提供的资金日益增多，对阿萨姆等邦合作银行提供的资金已占职能资本的 90%，全国各邦合作银行平均也占职能资本的 40% 左右。中长期农贷主要用于垦荒、筑堤和其他土地改良工程、建筑和维修水利设施、购买农机和家禽等，期限 3~5 年，必须有邦政府担保。长期农贷主要通过该行的全国农业信贷长期业务基金向各邦政府提供，还通过认购土地开发银行债券，向农民提供农贷。1981—1982 年，印度储备银行共提供短期农贷 109 亿卢比、长期农贷 21.2 亿卢比。

从 1977 年起，印度储备银行规定，全国各大银行必须按 1∶4 的比例在城市和农村开设分支机构，促使各大银行把经营重点逐渐由城市转向农村。印度银行还规定所有商业银行都要把贷款的 40% 投向农村，包括农业和农村小工业。

（2）印度国家银行和商业银行

印度国家银行是 1955 年印度政府对印度最大的商业银行——印度帝国银行进行国有化改组建立的，其经营性质属于商业银行，主要活动在城市。但在 1969 年政府将 14 家最大的私营商业银行收归国有以前，它是唯一提供农村信贷的商业银行，1968 年拥有 410 个农村储户，贷款额 1.7 亿卢比。20 世纪 60 年代中期印度开展以现代投入为基础的绿色革命以后，印度国家银行扩大农贷活动，并对 1969 年国有化后的 14 家商业银行进入农贷领域发挥带头示范作用。

自 1969 年 6 月政府把 14 家最大的私营商业银行收归国有以后，商业银行开始把农业作为优先贷款的领域。印度商业银行的农村贷款，分为直接信贷和间接信贷两大类。直接信贷向农民提供购买抽水机、拖拉机及其他价值高的农业机械器具，以及建设水井和管井、发展果园、购买牲畜的贷款。间接信贷则向有关农业机构提供贷款，如给农产品销售和加工的合作社、供应农业投入的机构、以分期付款形式向农民出售农业机械的机构、印度粮食公司和其他采购粮食的政府机构以及土地开发银行的贷款等。到 1987 年 3 月，全国商业银行农村分支机构 29 920 个，占分支机构总数的 55.9%，农业贷款 1 013.8 亿卢比。

（3）地区农村银行

印度政府于 1975 年颁布建立地区农村银行的法令，规定地区农村银行的经营目的是"满足农村地区到目前为止受到忽视的那部分人的专门需要"。地区农村银行有别于其他农村信贷机构的特点是：不按商业银行原则经营业务，只在一个邦的农村信贷机构较为薄弱的特定区域活动；主要向小农和小手工业者贷款，贷款利率不高于当地信贷合作社；除了提供与农业直接有关的贷款外，还提供贫苦农民经常需要的消费贷款；国家规定该行不交税。

每个地区农村银行都由一家商业银行主办，资本由印度中央政府认拨

50%，邦政府认拨 35%，主办行认拨 15%。地区农村银行自 1975 年 10 月 20 日建立以来，发展迅速，到 1983 年 6 月，已由最初的 5 家发展到 142 家，分支机构 6 420 家，分布在 21 个邦，提供短期贷款达 62.4 亿卢比，其中小农、边际农和农村手工业者获得 55.2 亿卢比的贷款，占 91%。1988 年 6 月，地区农村银行已遍布全国 365 个县，分支行处达 13 568 个，平均每 40 个村就有一处地区农村银行。

（4）农业中间信贷和开发公司

农业中间信贷和开发公司是 1963 年建立的，是印度储备银行的一个附属机构，不直接对农民发放贷款，而是通过其他信贷机构转贷，其中土地开发银行转贷最多，商业银行次之，邦合作银行和地区农村银行又次之。

农业中间信贷和开发公司的资金有一半来自外资，其他资金来源为印度储备银行、土地开发银行和商业银行认交的股本、发行或销售政府担保的债券、印度储备银行的贷款。农业中间信贷和开发公司一般只为较大的农业基本建设项目贷款，1981 年 6 月统计，累计净支付 159.2 亿卢比贷款，其中世界银行和国际开发协会的项目贷款达 92.9 亿卢比。

（5）国家农业和农村发展银行

印度政府于 1982 年 7 月 12 日成立国家农业和农村发展银行。该行接办了农业中间信贷和开发公司及印度储备银行农业信贷部的全部业务，可以说是统管农村信贷政策，把农村信贷的发展和国家计划统一起来。国家农业和农村发展银行是印度中央政府和中央银行的代理机构，是当前全国最高一级的为农村信贷机构筹集资金、定向支持农业发展项目的金融机构。它有权监督和检查农村信贷合作机构、地区农村银行工作，并资助商业银行的农村信贷活动。

该行的起始资本为 10 亿卢比，由印度中央政府和储备银行各认交一半。国家农业和农村发展银行还可以由中央政府担保发放债券，接受政府贷款、印度储备银行贷款和国际开发协会及其他国外资助贷款。

国家农业和农村发展银行贷款形式广泛，包括短期、中期和长期贷款，不仅通过农业贷款，而且为农村地区的小工业、手工业提供贷款。

五、巴西的农村金融组织体系

在发展中国家，巴西的金融业较为发达，有较健全的金融机构和发达的金融市场。在农村金融组织方面，巴西建立了国家农村信贷体系，这个体系包括巴西银行、各州商业银行。政府也采取措施促使私人银行增加农业生产者贷款。此外，开发银行和一些小型信用机构也向农村提供贷款。

1. 巴西银行

巴西银行是公私共同合股的银行，政府持有普通股62%以上，其余股份由私人股东持有。总行设在巴西利亚，1984年国内有2 457个分支机构，国外有45家分行和22个代办处。

根据有关规定，巴西银行必须按照全国货币委员会制订的计划组织发放农业贷款。由于农业在巴西居重要地位，巴西银行生产贷款总额中有一半用于农村，巴西农贷的75%~80%是巴西银行提供的。此外，巴西银行还配合执行政府的农产品保证价格政策。

2. 各州属商业银行

巴西的22个州，每个州都有地方国营的商业银行，它们也为农村提供贷款。这些银行由国家持有全部或大部分股份，分别由联邦、州（或地区）、市三级政府管理。这些银行最初都是为资助农业成立的，后来才发展成为综合性的商业银行，现在，它们仍是农村信贷的重要的提供者。

3. 私营商业银行

私营商业银行有80家，类似美国的城镇商业银行和乡村银行，但其中巴西贴现银行在巴西商业银行中仅次于巴西银行，名列第二。这些银行既有全国性的，也有地方性的。

1981年政府规定，商业银行对农民的贷款数量不得低于其活期存款余额的一定比例，按规模大小而有所不同：小型商业银行农业贷款与现金存款的比例不得少于10%，中型商业银行不得少于20%，大型商业银行不得少于30%，在没有达到这个规定数量时，商业银行必须将未贷出部分的资金作为最低准备金交存中央银行，然后中央银行再通过巴西银行或其他银行将其贷出。

4. 开发银行

巴西全国有15家开发银行，其中包括巴西全国经济开发银行和几家地区开发银行。由于巴西十分重视农业开发，开发银行贷款中用于农村、农业为数不少。这些资金，主要用于修建灌溉、抗洪、道路、仓储和其他农、工业基础设施。

巴西是一个以大地产为主，而不是以小农生产为主的国家，虽然农村有大额的资金需要，但没有小生产合作所有制的基础，因而人们没有组织信用合作的兴趣，合作金融没有基础。

六、国外农村金融组织体系对国内的启示

1. 构建职责明确、分工协作的多元化农村金融体系

根据国外的经验，我国应明确农业发展银行的职能，扩大其业务范围，拓

宽其支农功能。农村信用社要巩固现有的改革成果，将其办成主要服务于农村和农民的金融机构；同时积极推进邮政储蓄改革，按照商业化原则，引导邮政储蓄资金支持"三农"；还应发展多种形式的农村民间金融机构。

2. 建立产权清晰的农村金融机构

多数发达国家的农村金融机构都由政府主导或参与初期建设，但在其发展成熟后，政府便逐步退出并减少干预，使得其产权归属明晰。借鉴这些国家的经验，我国应加快农村信用社改革，明确信用社产权关系，在此基础上促进其转换经营机制，让其真正成为农村金融市场的主导者，以为农民提供高效的服务。

3. 制定完善的农村金融法律制度

当今世界，农村金融体系较为完备的国家，无不是通过国家制定相关的法律来规范约束农村金融业的发展，并且在运作过程中不断完善和修订，使之形成较为规范的法律体系。同时，完善的农村金融法律和政策体系又促进了农村金融的发展。美国、日本等国家都有比较完善的关于农业金融的法律体系。如美国的农业金融组织分别是根据《联邦农业信贷法》、《中间信贷法》等成立的；日本的农业政策性金融机构农林渔业金融公库，是根据1945年的《农林渔业金融公库法》成立的。我国应加快农村金融的立法工作，制定专门的《政策性银行法》或《中国农业发展银行管理条例》，在法律层面确定农业发展银行职能、经营范围、公司治理体制、风险控制和补偿机制及监督机制等重要事项；还应制定《合作金融法》，对合作金融组织的建立、运行、救助和退出等重要事项予以明确，以规范操作。

第四节　农村金融领域的三种主要代表性理论

20世纪70年代初，麦金农和肖恩的金融抑制理论和金融深化理论认为，如果政府过分干预金融，压低利率和汇率所导致的负效应，会造成经济的恶性循环。政府应摒弃"金融抑制"政策，推行"金融深化"政策，放开对利率和汇率的限制，放松对金融机构和金融活动的管制，鼓励民间金融机构的发展，使金融发展和经济发展之间形成良性循环。20世纪90年代，赫尔曼、斯蒂格利茨、罗伯特·金和莱文等人认为，金融抑制模型存在许多缺陷，金融自由化并不适应发展中国家。他们根据内生增长理论的最新成果，将内生增长和内生金融中介引入金融发展模型，提出"金融约束"。其主要观点是：选择性的政府干预有助于金融发展，政府的当务之急是优先发展金融。在发展中国家暂不具备金融自由化条件时，可先推行"金融约束"政策，但其约束程度可随金融发展不断降低，直至过渡到"金融自由化"，即金融抑制→金融约束→金融自由化。

一、三种主要农村金融理论

1. 农业融资理论

农业融资理论的前提是：农村，特别是贫困阶层，没有存储能力，农村面临的是资金不足问题。由于农业产业的特性（收入不确定性、投资的长期性、低收益性等），它也不可能成为以利润为目标的商业银行的融资对象。因此，为增加农业生产和缓解农村贫困，有必要从农村外部注入政策性资金，并建立非营利性的专门金融机构来进行资金分配。比如在20世纪六七十年代，亚洲各国都由政府设立了各种专门的金融机构，将资金注入农村，以应付随绿色革命普及而增大的农村内部资金需求。

2. 农村金融市场理论

农村金融市场理论重视市场机制，其主要理论前提与农业融资论完全相反：首先它认为，农村居民以及贫困阶层是有储蓄能力的，没有必要由外部向农村注入资金；其次是赞同麦金农和肖恩的理论，认为低利率政策妨碍人们向金融机构存款，抑制金融发展。这一理论还认为，农村金融机构资金的外部依存度过高是导致其贷款回收率低的重要因素。对于民间金融，该理论指出，由于农村资金拥有较高的机会成本和风险费用，所以非正规金融的高利率是理所当然的。

3. 不完全竞争市场理论

斯蒂格利茨的不完全竞争理论框架为：农村金融市场不是一个完全竞争的市场，尤其是放贷一方（金融机构）对于借款人的情况根本无法充分掌握（不完全信息），如果完全依靠市场机制就无法培育出一个社会所需的金融市场。为了补救市场的失效，有必要采用诸如政府适当介入金融市场以及借款人的组织化等非市场措施。

二、三种主要农村金融理论的比较

三种主要农村金融理论的基本框架和政策建议比较如表3-1所示。

表 3 - 1　　　　　　　　　三种主要农村金融理论比较表

	农业融资理论	农村金融市场理论	不完全竞争市场理论
政府干预农村金融市场的必要性	必要	不必要	在补充市场机制失效范围内是必要的
利率管制的必要性	进行低利管制	应由市场决定	放松管制（实际存款利率应为正数）
贷款原资的筹集	由农村外部注入	在农村内部筹集	基本靠农村内部筹集，不足部分由政府供给
对金融机构保护及管理的必要性	必要	不必要	初期必要，应逐渐放松
提高资金回收率的方法	指导性贷款	实行市场机制，强化资金自我筹集	灵活运用贷款互助小组等金融或非金融手段
专项贷款是否有效	有效	无效	方法适当则有效
对非正规金融的评价	为农村金融市场不发达产物，弊端多	为有效率的金融形式	有一定弊端，但政府的适度介入会使之改善

　　20 世纪 80 年代之前，农业融资理论一直是农村金融理论界占主流地位的传统学说。发展中国家广泛实行的这种金融政策，虽然促进了农业生产增长，扩大了向农村部门的融资，但同时也陷入了严重的困境：储蓄动员不力，过分依赖外部资金，资金回收率低下，偏好向中、上层融资等方面的问题十分严重。就构成一个有效率的自立的金融体系而言，这个理论及其实行效果是失败的。完全依赖市场机制、极力排除政策性扭曲市场的农村金融市场理论，在20 世纪 80 年代受到了人们的广泛接受，且至今还是农村金融市场理论占主流。不完全竞争市场理论是在人们认识到要培育稳定、有效率的金融市场，减少金融风险，仍需要一些非市场因素的作用，特别是政府干预对于稳定金融市场的重要作用时形成的，政府到底应该在发展农村金融市场方面起什么样的作用，目前尚未形成明显的共识，斯蒂格利茨的这种理论相当具有代表性。

　　以上三种理论为发展中国家研究农村金融制度变迁路径与制度创新提供了理论依据。

第五节　农村金融和农村经济发展的关系

一、农村经济与农村金融的关系

在农村再生产中，生产、分配、交换与消费四个环节构成农村经济整体，农村金融作为农村经济的一个重要组成部分，则处于农村再生产过程的中间环节。其中，农村货币流通是伴随着商品的交换而发生的，属于交换环节；农村信用活动与农村资金运动的进行则伴随着农村资源的再分配，属于分配环节，因而，农村金融与农村经济的关系，实质上是交换、分配与整个农村再生产的关系。由于生产环节在农村再生产过程中起着决定性的作用，因而农村金融与农村经济的关系，又集中表现在生产与交换、分配的关系上，即生产决定交换与分配，农村经济的发展决定与制约农村金融的发展；反过来，交换与分配影响生产，农村金融的发展影响农村经济的发展。农村经济对农村金融的决定作用主要表现在以下几个方面：

1. 农村生产力发展水平与商品经济的发育程度决定农村金融的规模与发展程度

在社会主义市场经济条件下，农村生产力水平的发展和提高，必然促进农村商品经济的发展与活跃。农村商品经济的发展与活跃，则为农村经济的货币化与信用化提供了必要的前提与基础。一方面，伴随着农村商品生产与交换的扩大，农村经济货币化的程度不断提高，农村货币流通规模得以扩大，货币流通速度得以加快；另一方面，随着农村商品生产与交换的发展以及农村经济货币化程度的提高，农村社会资金相对剩余与相对不足的范围也同时扩大，从而为农村信用与投资活动提供了广阔的空间，使得农村经济信用化、证券化的程度也不断提高。

2. 农村生产关系的变革推动农村金融活动方式与农村金融管理体制的变革

十一届三中全会以后，为适应农村生产力的发展，农村进行了经济体制的改革与生产关系的调整，这必然要求农村金融活动方式与管理体制做出相应的调整。一方面，在农村生产关系的调整中，计划指导下的集体生产被农户承包、乡镇企业等面向市场的生产所取代，这势必要求渠道更多、方式更灵活、内容更丰富的市场融资取代农业银行、农村信用社单一的计划融资；另一方面，在农村生产关系的调整中，农、林、牧、副、渔各业的全面发展取代了单一的种植业生产，这也势必要求效率更高、范围更广、形式更多样的农村金融活动取代农业银行和农村信用社所开展的传统的、单一的存、放、汇活动。

3. 农业与农村经济效益的提高从根本上决定着农村金融效益的提高

金融业属于农村第三产业，作为一个相对独立的农村产业，农村金融业必须追求自身的经济效益。虽然，农村金融业作为农村的第三产业之一，但是其本身并不创造价值，农村金融业的效益是建立在农村第一、二产业所取得的效益的基础之上的，只有在农村劳动生产率不断提高，农村各业的经济效益也不断提高的情况下，农村金融业的效益才能实现并不断提高。

二、农村金融在农村经济发展中的地位

如前所述，农村金融属于农村社会再生产中的分配与交换环节。因而，农村金融在农村经济发展中的地位，从根本上说，是分配与交换在农村再生产中的地位。同时，农村金融又仅仅是农村再生产过程中分配与交换环节的一个组成部分，而不是全部，这又使得农村金融在农村经济发展中的地位与分配、交换在农村再生产中所处的地位有所不同。

1. 农村金融是农村经济运行中的能动媒介

农村金融在农村经济运行中的媒介地位，首先表现在农村经济活动中货币媒介作用的发挥上。货币作为商品交换的媒介，其作用的发挥，是与生产的商品化、货币化同步进行的。随着农村改革开放的逐步深入，农村经济已在一定程度上实现了由自给半自给经济向大规模商品经济的转化。在这一转化过程中，农村生产的商品化、货币化程度日益提高，越来越多的农村产品通过交换实现其价值，并经过初次分配和再分配，最终进入生活与生产消费。上述商品的生产、交换、分配与消费过程中的任何一个环节，都少不了货币的参与，都有货币在其中发挥作用，尤其是物质产品的交换与分配，更需借助于货币，才能顺利进行。由此可见，将适量的货币注入农村经济运转过程之中，使之在农村再生产的各个环节发挥其能动媒介的作用，是农村经济正常运行的重要条件。

2. 农村金融是农村经济的信息网络

农村再生产过程，既是使用价值运动过程，也是价值运动过程。从价值运动过程来看，农村商品生产过程主要表现为农村生产资金的运动过程，农村商品流通过程主要表现为农村商品资金的运动过程。当资金从货币资金形态开始，经过储备资金、生产资金、成品资金几个形态的转换，再回到货币资金形态，是生产资金完成了一次循环，与生产资金的一次循环相对应的是一个生产周期的完成。当资金从货币资金形态开始，经过商品资金形态再回到货币资金形态，是商品资金完成了一次循环，与商品资金的一次循环相对应的是一个流通周期的完成。由于商品资金循环的过程实际上是商品和货币互换位置的过程，因此，商品资金循环过程也是货币流通过程。由此可见，农村资金的运动与农村货币的流通从价值的角度反映了农村商品生产过程和流通过程的方方面面。从这个意义上说，农村金融是农村经济的信息网络，而从事农村货币流通组织与农村资金运动协调工作的农村金融部门则是这一信息网络的中心。

3. 农村金融是农村经济的神经中枢

农村金融在农村经济中的重要地位，还体现在农村金融作为农村经济的神经调节中枢上。随着社会主义市场经济体制的逐步确立，农村市场经济有了较快的发展。计划经济、产品经济条件下对产品使用价值生产与交换的直接控制在市场经济条件下越来越不灵了，逐步取而代之的是对产品价值生产与实现的间接控制，而对价值运动的间接控制主要是对货币流通与资金运动的控制。从农村来说，这种间接的价值控制主要是通过对农村货币流通与农村资金运动的组织与管理来进行的。而在对农村货币流通与农村资金运动的组织与管理过程中，农村金融在农村经济中的神经调节中枢地位也得到了充分的体现。

三、农村金融在农村经济发展中的作用

农村金融在农村经济发展中的作用，是对农村金融在农村经济中重要地位的佐证和进一步阐述。农村金融在农村经济发展中的作用，实质上是在农村金融与农村经济相互关系中，农村金融对农村经济具有积极影响作用的具体表现。

1. 融通农村货币资金，优化配置农村社会资源

如前所述，农村物质产品生产过程，从价值运动的角度上看，是农村资金的运动过程。不论在种植业资金运动的过程中，还是在农村工业资金运动的过程中，资金都发生了货币资金、储备资金、生产资金与成品资金几种形态的变化，货币资金既是资金运动的起点，也是资金运动的终点。从资金运动的起点上看，货币资金的投入，代表着各种生产要素与社会资源的投入，并相应形成生产要素与社会资源在各部门、各行业间的配置。从资金运动的终点上看，货币资金的实现包含了一部分新创造价值的实现。货币资金的分配与再分配则代表着生产要素与社会资源在生产领域与消费领域之间，以及在生产领域与消费领域中各部门、各行业之间的重新配置，然后再进入新一轮的生产流通周期，并相应地进行新一轮的资金循环与运动。通过货币资金的分配与再分配，以实

现对农村产品的分配与再分配，进而形成下一生产流通周期。在生产要素与社会资源配置的过程中，农村金融发挥着不可替代的重要作用。尤其是农村信用社活动的开展，在不改变货币资金所有权的前提下，通过货币资金的借贷，实现资金使用权的转移，并带动生产要素的流动，从而达到重新配置农村社会资源的目的。而在上述货币资金借贷的过程中，由于价值规律的作用，资金使用权的转移，总是从资金使用效益较低的地方转向效益高的地方，实际上就是生产要素与社会资源从使用效益低的地方向高的地方流动，在这一过程中，农村生产要素及各种社会资源得到了优化的配置。这便是农村金融优化配置社会资源的作用，也是农村金融最根本的作用，农村金融的这一作用，是任何其他经济活动所不能取代的。

2. 稳定农村货币流通，保证农村商品流通的正常进行

农村商品流通，从价值运动的角度上看，既是农村商品资金运动过程，也是农村货币流通过程。货币流通过程，实质上是货币与商品位置的互换。货币与商品换位的顺利实现，以流通中货币所代表的购买力与市场商品可供量的基本一致为条件。货币购买力大于或小于商品可供量，货币与商品的换位都难以顺利进行，商品流通过程也难以顺利实现。

可见，保持货币购买力与商品可供量的大致平衡，是使商品的价值得以实现、社会再生产过程得以持续进行的基本条件。要避免流通中货币过多或过少引起农村商品价格大幅度波动，给农村经济活动带来不利影响，唯一有效的途径是有意识有目的地加强对农村货币流通的组织与调节。而加强对农村货币流通的组织与调节，维护农村货币流通的基本稳定，为农村经济的正常运行创造良好的货币环境条件，既是农村金融的基本任务之一，也是农村金融在促进农村经济发展中的基本作用之一。

3. 健全农村金融市场，推动农村市场体系的发育与完善

社会主义市场经济体制的确立与运行，是以国家调节市场、市场引导企业为基本特征的。市场是这一体制的中间环节，尽快地培育包括商品市场、劳务市场、技术市场、人才市场和金融市场在内的各种类型的市场，形成相对完整的社会主义市场体系，是社会主义市场经济体制得以确立的基本标志之一。而在社会主义市场体系的建立过程中，金融市场的建立具有十分重要的意义。金融市场是以货币资金的交易为主要内容的市场。货币资金既是生产资料商品与消费资料商品交易的媒介，也是劳务交易、技术交易等的媒介，只有货币资金本身的交易活跃，货币资金的流动顺畅、自然，商品、劳务、技术、人才等的交易活动才可能正常进行。金融市场还可以使货币资金在商品、劳务、技术与

人才各种市场自由地进出流动，实现各类市场的平衡、协调发展。因而，从这个意义上说，金融市场在社会主义市场体系中处于核心与枢纽地位，建立与健全金融市场，无疑将促进与带动整个社会主义市场体系的发育和完善。在农村，金融市场的建立与发展，同样起着推动农村商品、劳务、技术、人才市场的发展，加快社会主义农村市场体系建立的重要作用。而且，随着农村金融市场的快速发展，货币资金在农村范围内流动的日益顺畅与加速，因农业与农村经济比较利益偏低而出现的资金从农业向非农产业、从农村向城市、从边远落后地区向沿海发达地区逆向流动的状况，将在一定程度上得到改善。这不仅有利于减少农业和农村资金的流失，而且有利于采取各种切实可行的措施，增加对农业和农村地区的资金投入，从而在资金上，为农业和农村经济的持续健康发展提供强有力的保障。

第四章　农村投融资机制的界定及其
　　　　经验借鉴

第一节　投融资机制和投融资制度

一、制度、体制、机制的区别和联系

制度，通常是指社会制度，是指建立在一定社会生产力发展水平基础上，反映该社会的价值判断和价值取向，由行为主体（国家或国家机关）所建立的调整交往活动主体之间以及社会关系的具有正式形式和强制性的规范体系。制度按照性质和范围总体可分为根本制度、基本制度与具体规章制度三个基本层次。根本制度是与生产力发展的一定阶段相适应的经济基础和上层建筑的统一体，如政治、经济、文化制度等；基本制度是社会的具体组织机构，如外交、金融、税收、政党、军事、司法、教育、科技、保障制度等；具体规章制度是各种社会组织和具体工作部门规定的行为模式和办事程序规则，如公务员考试制度、学位管理制度、劳动工资制度等。

"体制"与"机制"是较易混淆的一对词语。按照《辞海》的解释，体制是指国家机关、企事业单位在机构设置、领导隶属关系和管理权限划分等方面的体系、制度、方法、形式等的总称；机制原指机器的构造和运作原理，借指事物的内在工作方式，包括有关组成部分的相互关系以及各种变化的相互联系。体制，是制度形之于外的具体表现和实施形式，是管理经济、政治、文化等社会生活各个方面事务的规范体系。例如国家领导体制、经济体制、军事体制、教育体制、科技体制等。制度决定体制的内容并由体制表现出来，体制的形成和发展要受制度的制约。一种制度可以通过不同的体制表现出来。例如，社会主义经济制度既可以采取计划经济体制的做法，也可以采取市场经济体制

的做法。在一定条件下和一定范围内，基本制度、具体规章制度和体制可以互相转化。机制，是从属于制度的。机制通过制度系统内部组成要素按照一定方式的相互作用实现其特定的功能。制度机制运行规则都是人为设定的，具有强烈的社会性，如竞争机制、市场机制、激励机制等。从广义上讲，制度、体制和机制都属于制度范畴，既相互区别，又密不可分。总之，靠制度制约体制与机制，同时，体制与机制又对制度的巩固与发展，起着积极的促进作用。

二、投融资制度

投融资制度是指社会资金的配置方式，即采取什么方式实现社会资金的配置。投融资机制要发生质变，关键在于实现资金配置方式的变革，即投融资制度的变革。众所周知，社会资源配置方式一般有两种，即计划配置和市场配置。相应地，投融资制度也有两种，即计划投融资制度和市场投融资制度。计划投融资制度是高度集中的计划经济模式的产物，反映在投融资制度上即是货币资金的配给制。市场投融资制度是与市场经济相适应的一种融资模式，这一模式的基本点是资金的导向与市场经济相适应的一种融资模式，这一模式的基本点是资金投融资的导向以市场机制为主，即社会资金的筹集和交易配置都是建立在市场基础之上，而不是通过行政手段强制性配给。无论是直接投融资还是间接投融资都是在金融市场上通过反映资金供求状况的价格和利率来调节，市场作为一种组织是资金供给者与需求者之间交易契约的结合点。市场投融资制度主要包括两种投融资方式，一种是直接投融资，另一种是间接投融资。两种投融资方式在投融资制度中所处地位和所起的作用不同，这不仅决定了不同的投融资方式在投融资制度中所处地位和所起的作用不同，还决定了不同的投融资制度模式的安排，即直接投融资为主、间接投融资为辅或间接投融资为主、直接投融资为辅。通过考察当今世界各国投融资制度模式，我们发现，以英美模式为代表的资本主义发达国家以前者为主，而以日德为首的后起资本主义发达国家则以后者为主。

三、投融资机制

投融资机制是指资金融通过程中各个构成要素之间的作用关系及其调控方式，包括投融资主体的确立、投融资主体在资金融通过程中的经济行为、国民储蓄转化为投资的渠道和方式以及确保促进资本形成良性循环的金融手段等诸多方面。

第二节　农村投融资机制的界定

一、农村投融资的含义与分类

农村投融资是指投融资主体为农村融入资金、投入资源，通过一定的运作方式，形成其资产或资本的经济活动过程。它包含了行为和过程两个方面，同时也包含了价值的含义。农村投融资的运行包括三个阶段：首先表现为货币形态，如现金、支票等；其次通过商业性的买卖活动转化为物质资源和人力资源；最后通过生产活动或其他经济行为转化为真正意义上的农村资本。

对农村投融资分类较为复杂，根据不同的分类标准有不同的分类方法。

（1）按农村投融资主体分类，农村投融资分为国家投资、金融机构投资、农户投融资、农村集体投融资、农村企业投融资。

（2）按农村资金的服务对象分类，农村投融资分为农产品生产、销售投融资；农村公共基础设施投融资，包括农村生产性公共基础设施投融资和农村非生产性公共基础设施投融资；农业科研及推广投融资；农村公共服务投融资。

（3）按农村资金来源，可划分为财政资金、信贷资金、农村集体资金、农村企业资金、农户资金、外资。

（4）按投资的用途和性质分类，农村投资可分为固定资产投资和流动资金投资。

二、农村投融资机制的界定

1. 投融资机制

在我国，"投融资机制"一词是随着社会主义市场经济体制改革的不断深化而出现的。改革之前，我国投融资体制中只有"投资"的内涵，而无"融资"之义，并多称之为"基本建设计划管理体制"。改革开放初期，多称"基本建设管理体制"、"固定资产投资管理体制"等，随着市场经济的确立与发展，近年来，投融资机制的提法逐渐多了起来，也有不少称之为"投资机制"的。

投融资机制是投融资活动运行机制和管理制度的总称，其主要内容包括投融资主体的确立及其行为、资金筹措途径、投资使用方式、投资项目决策程序、建设实施管理和宏观调控制度等。

2. 农村投融资机制

在所查阅的文献中，对农村投融资机制的界定还没有。有关文献将农业投入机制界定为：农业投入机制是农业投资活动中投入主体、资金来源、管理方式和组织系统以及由此决定的投资运行方式的总称。它是以农业资金的筹集、分配、使用、回收为对象的复杂管理原则、方法、制度的集合。

借鉴对投融资机制和农业投入机制的界定，农村投融资机制可定义为：农村投融资机制是农村投融资活动运行机制和管理制度的总称，主要包括农村投融资主体的确立及其行为、农村资金筹措途径、农村投资使用方式、农村投资项目决策程序、建设实施管理和宏观调控制度等方面的内容。

从研究需要出发，将农村投融资机制分为四个方面：①农村投融资主体；②农村投融资渠道；③农村投融资制度；④农村投融资决策管理机制。

第三节　国外农村投融资机制的成功经验

投融资机制总是与一个国家的经济管理机制和模式完全对应，有什么样的经济机制就必然要求有与之相适应的投融资机制。由于生产力发展水平不同、经济机制不同、国情不同，各国的投融资机制必然会有不同的特色。在现实中，只有符合国情的投融资机制才能更好地促进生产力发展。当然这并不排除投融资活动和投融资机制有其自身内在的一般规律。特别是我国目前正处于由计划经济机制向社会主义市场经济机制过渡时期，西方市场经济国家和其他机制转轨国家在投融资活动和投融资管理机制方面的经验，更值得我们重视，并在实践上予以借鉴。

一、美国的农村投融资机制

美国是市场经济最发达的国家之一，它不仅是经济强国，也是农业生产和贸易大国，在国际农业生产和农产品贸易中占据重要地位。而农业生产状况是一定投资效果沉淀的表现。因此，研究美国的农村投融资机制具有重要意义。

（1）利用积极的财政政策和完善的信贷体系多渠道筹集农村资金，以积极的财政政策支持农业发展。在投融资机制上，美国对农业一直实行积极的投融资政策。在联邦政府的财政预算中，农业投资一直是增加的。第二次世界大战前，联邦政府的财政预算中，农业投资总额每年大约为 10 亿美元，20 世纪 50 年代每年约为 50 亿美元，70 年代每年增加到近 100 亿美元，80 年代每年均在 100 亿美元以上，1985—1989 年期间年均在 200 亿美元，2001 年达到 359 亿美元。美国为农村提供资本信贷的机构主要有商业银行、人寿保险公司和其他私人信贷机构，包括商人、代销商、个人以及其他放款者。商业信贷组织和个人为农场主提供的农业资本比重占 50% 以上。在目前美国农业资本信贷市场上，占主要地位的仍然是私人信贷机构，其次是合作性质的农业信贷资本体系，政府信贷机构占的份额最小。

（2）农业投资以法律提案方式进行，这样能够保证投资计划顺利、完整地实施。2000 年美国农业部预算设计八大提案，投资金额共计 16.05 亿美元。

（3）财政对农村投资实行税收、补贴优惠。如对农村信用社免征收入所得税，对社员存放在信用社的资金免征利息所得税。这两大免税特点使信用社迅速成为最受欢迎的金融机构。对农业保险实行低收费、高补贴优惠，即政府对农场主所交保险费的补贴比例在 50% ~ 80% 之间，农场主只需交纳少量保险费就可得到全额保险。

（4）科学的投融资决策与高效的投融资管理、运作机制。其决策者根据农业发展情况制订农村投融资计划，委托相关的经济研究部门进行综合分析、反复讨论，并由其直属的管理机构负责所有的投融资政策的具体执行和运作。

二、法国的农村投融资机制

法国农业的成功主要依赖于其健全的农村投融资体系。法国农村投融资机制的特征突出表现在农场主自有资金、财政资金、政策性信贷资金相结合的多元化的融资渠道和多样化的投资方式。

法国采用多样化的财政投资方式诱导对农村投资。

（1）补贴，即对农民购买的农机具给予 15% 的补贴，对农民实施的水利、道路、电气化和土地整治等农村基本建设工程给予补贴；政府发放的农村工程补贴一般占工程费总额的 25% 以上，如灌溉 60%、土地合并 80%、建筑 25% ~ 50%、电气化 33% ~ 40%、农村道路 25%、排水 15% ~ 33%；对农村合作组织进行的小型水库、灌溉设施等农村水利建设，国家补助投资额的 20% ~ 40%，较大的项目国家补助 60% ~ 80%。

（2）免税，法国政府对农民购置农机具给予 10% 税收回扣，购买农机燃料时免税，减少农业土地税 9%；对安置青年务农的土地，在 5 年中减免 50% 的土地税；对购进土地的大户给予免税登记。

（3）低息、贴息贷款，即法国对符合政府政策要求及国家发展规划的贷款项目，都实行低息优惠政策。农业贷款年利率一般为 6% ~ 8%，而非农贷款的年利率一般为 12% ~ 14%；农业贷款如果是用于购买农机具和土地以及农业基础设施等固定资产投资，利率更低，一般只有 3% ~ 4%，而且都列入中长期投资贷款中，最长期可达 30 年。优惠贷款利息与金融市场利率差额部分由政府补贴，农业信贷互助银行是法国唯一一家享受政府贴息的银行，贴息资金一直固定由农业部从政府拨给的农业年度预算中统一支付给农业信贷互助银行。贴息贷款在期限上只限于中、长期贷款；在放款用途上，主要用于生产开支和生产设备投资；在放款对象上，主要是对各种农业合作组织、农村市镇小手工业放款及住房放款。

（4）奖励，法国政府对土地集中给予奖励，如：政府规定出售土地的农场主可得到 35 年的预备年金，以鼓励老年人提前退休，对停止经营的农场主或出租土地者（出租土地 18 年以上）由国家发放奖金。

三、日本的农村投融资机制

当今世界各国的财政投融资空前活跃，其中制度完备、功效显著者应推日本。第二次世界大战后，日本为了加速恢复生产，建立了以政府为主导的财政投融资制度，即国家将财政资金和通过金融手段筹措的资金，提供给政府，由大藏省统一计划，由通产省、农林水产省等组织实施，用以统一支持国家产业政策的实施。农村正是财政投融资制度的直接受益者。

以间接的投资方式诱导银行资本、农协资本和私人资本投入农村：①通过债务担保形式，吸收日本各银行的资金投入农村，以减少银行投资农村所承受的风险；②利用农协系统的资金，政府给予利息补贴、损失补贴和债务担保，日本政府在 1961 年专门成立了"农业信用资金协会"（以下简称"农协"）对农民贷款实行担保，以使农协的资金顺利向农民贷出；③政府通过国家的金融机构直接发放财政资金贷款。

为了保证投入资金的产出效益，日本制定了明确的产业政策，用经济手段宏观调控农村投资方向，可以说日本的投融资政策与产业政策相辅相成。政府在产业政策中始终把农业和农村基础设施建设作为财政投资的一项重要任务。与经济手段并行，日本也重视利用法律手段保障向农业的投资，自 1954 年以来，日本政府颁布了很多与农业有关的政策法规，如《农林中央金库法》、《农林渔业金融公库法》、《农业共济基金法》、《农业改良资金助成法》、《渔业现代化资金助成法》、《林业改善资金法》等十项法律，规范和调整国家对农业的投资政策。

四、其他国家的农村投融资机制

（1）英国

第二次世界大战前，英国农业落后，每年约 2/3 的粮食消费需从国外进口。第二次世界大战后为彻底改变落后局面，政府除对农业进行直接投资外，还用财政补贴对农业建设进行扶持，最高年份的补贴数额高达当年财政补贴的 2/3。

（2）韩国

韩国政府通过政府投资、乡村配套和银行信贷等形式实施对农村地区的全方位改造，从而达到了改造农民居住环境、缩小城乡之间差距的目的，最终实现了农业、农村现代化。有资料显示，在韩国"新村运动"中，韩国政府的财政资助占总投资额的比例很高，除了 1972 年和 1973 年在 20% 以下，其他年份都在 20% 以上，其中 1975 年、1979 年、1980 年和 1982 年政府财政投入均在 40% 以上，最高年份政府投入高达 59.2%。

这一运动彻底改变了韩国农村的落后面貌，而农村基础设施等建设和经济发展又反过来刺激和拉动了工业和城市经济发展，从而使经济的高速增长同农村的现代化建设相互促进，取得了很大的成功。

（3）印度

自 1951 年第一个五年计划以来，印度政府对农村的投入不断增加。第一、二、三个五年计划农业投资额分别为 92.4 亿卢比、94.9 亿卢比、175.4 亿卢比，占国民经济总投资的比重分别为 36.9%、20.6%、20.5%。在 1966—1969 年的"绿色革命"期间，农业投资为 157.8 亿卢比。在此之后的第四、五、六个五年计划中农业投资分别为 3 498 亿卢比、1 852.8 亿卢比、2 469.9 亿卢比，占国民经济总投资的比重分别为 24.4%、21.7%、26.3%。印度的农村政策性金融机构有地区农村银行、国家农业和农村开发银行。地区农村银行主要为处于贫困之中的、不易获得贷款的小农、无地农民和农村小工业者服务，还提供贫困农民维持生活的消费贷款。国家农业和农村开发银行是全国最高一级的农业金融机构，作为中央政府和中央银行的代理，监督和检查农村信贷合作机构、地区农村银行，资助商业银行的农村信贷活动。

五、国际经验的借鉴意义

第一，任何时期农业都是政府财政支持的重点。由于农业生产的特殊性，在发展市场经济过程中，各国都十分重视以财政投资扶持农业发展，发达资本主义国家也不例外。

第二，建立完善高效的信贷支持体系。信贷资金是发达国家农村资金的重要来源。在市场经济机制下，由于价值规律的作用，完全依靠市场机制调节，农村难以得到大量的资本，甚至会出现资本外流，为此各国政府有意识地对农村领域加强了信贷支持，大力发展政策性金融和保险业务，弥补市场机制作用下商业银行金融业务对农村领域投资的不足。

第三，根据不同的农业发展阶段确定不同的投资重点，采用不同的投资方式。各国政府在农业投资上并不是无所不为、大包大揽，而是根据不同时期的发展目标确定不同的投资重点、采用不同的投资方式。

第四，财政扶持金融进而间接补偿农业是各国财政投资的重要方式。由于财政力量的有限性，各国政府对农村金融的扶持，以农村金融为渠道，把财政补偿输送给农村经济。通常采取的方法有税收优惠、利差补贴、提供低息和无息贷款、提供担保等。

第五，建立市场调节与宏观管理相结合的农村投融资调控机制。市场经济国家的实践表明，在市场经济高度发展的情况下，政府对农村投融资活动的宏观调控非但没有减弱，反而不断加强，并且在管理中职责分明。

第五章 四川省新农村建设分析

第一节 "新农村"的基本内涵、特征和意义

一、"新农村"的基本内涵

"新农村"是指在社会主义制度下，反映一定时期农村社会以经济发展为基础，以社会全面进步为标志的社会状态。其主要包括几个方面：一是推进现代农业产业化建设，发展经济，增加收入。这是建设新农村的首要前提。二是建设村镇、改善环境。如住房改造、垃圾处理、安全用水、道路整治、村镇绿化等内容。三是扩大公益、促进和谐。其主要是加快发展农村义务教育、新型农村合作医疗、农村养老和最低生活保障以及统筹城乡就业。四是教育农民、提高素质。要加强精神文明建设，发展农村文化设施，加强村级自治组织建设。具体而言，所谓"新农村"应该包括五个方面，即新房舍、新设施、新环境、新农民、新风尚。这五者缺一不可，它们共同构成了"新农村"的范畴。

二、"新农村"的基本特征

胡锦涛同志在党的十六届四中全会上提出的"两户趋势"重要论断表明，我国已经初步具备了工业反哺农业、城市支持农村的经济实力。这一背景下的新农村建设，既不同于新中国成立初期为恢复国民经济和进行社会主义改造运动从事的新农村建设，也不同于改革开放初期为解决农民的温饱问题而开展的新农村建设。新的历史时期强调"建设新农村"，具有以下重要特征：

（1）科学性。新农村是一个全面、综合、和谐和科学的范畴，具有科学性。从党的十六届五中全会所概括的"生产发展、生活宽裕、乡风文明、村容整洁、管理民主"的目标要求来看，"生产发展"和"生活宽裕"是要建设

农村物质文明；"乡风文明"是要建设农村精神文明；"村容整洁"是要建设农村生态文明；"管理民主"是要建设农村政治文明。所谓新农村的"新"，就体现在统筹建设农村物质文明、精神文明、生态文明和政治文明。因此，新农村建设不仅仅是一个村镇建设的问题，而且是一个产业互动和村民发展的问题，更是一个城乡一体化和人与自然和谐的问题；不仅仅是一个农村经济建设的问题，而且是一个包括农村社会、政治、经济、科技、教育、文化、交通等涉及社会生活方方面面的有机统一体，是社会综合发展程度的重要标志。

（2）经济性。建设新农村的强大动力来自农村经济的发展，具有经济性。作为推进农村经济社会全面发展的一种手段，新农村建设必须以强大的农村经济为后盾。要突出经济发展在新农村建设中的领先位置，增强农村综合经济实力，提高广大农民的物质生活和文化生活水平。

（3）层次性。新农村建设是在现有的经济基础和社会条件下进行的，具有层次性。按照梯度转移理论，不同国家或同一个国家的不同地区都处在一定的经济发展梯度上，由高向低传递资源和生产要素，构建均衡发展的经济格局。从梯度转移理论出发，四川新农村建设也体现出发展上的层次递进。各地区应该因地制宜选择建设新农村的具体路径和有效模式。

（4）动态性。新农村建设是一个长期的过程，具有动态性。新农村作为新的历史时期的农村发展的表现形态，必须与时俱进地反映时代特征，因而其衡量标准不是一成不变的，而是随时间的变化、社会的发展而变化发展的。

目前农村改革发展进入关键阶段，正进入以工促农、以城带乡的发展阶段，进入加快改造传统农业、走中国特色农业现代化道路的关键时刻，进入着力破除城乡二元结构、形成城乡经济社会发展一体化新格局的重要时期。

三、建设"新农村"的意义

建设新农村，是贯彻落实科学发展观的重大举措。科学发展观的一个重要内容，就是经济社会的全面协调可持续发展，城乡协调发展是其重要的组成部分。全面落实科学发展观，必须保证占人口大多数的农民参与发展进程、共享发展成果。如果我们忽视农民群众的愿望和切身利益，农村经济社会发展长期滞后，我们的发展就不可能是全面协调可持续的，科学发展观就无法落实。我们应当深刻认识建设新农村与落实科学发展观的内在联系，更加自觉、主动地投身于新农村建设，促进经济社会尽快步入科学发展的轨道。

建设新农村，是确保我国现代化建设顺利推进的必然要求。国际经验表明，工农城乡之间的协调发展，是现代化建设成功的重要前提。一些国家较好地处理了工农城乡关系，经济社会得到了迅速发展，较快地迈进了现代化国家行列；也有一些国家没有处理好工农城乡关系，导致农村长期落后，致使整个国家经济停滞甚至倒退，现代化进程严重受阻。把农村发展纳入整个现代化进程，使新农村建设与工业化、城镇化同步推进，让亿万农民共享现代化成果，走具有中国特色的工业与农业协调发展、城市与农村共同繁荣的现代化道路。

建设新农村，是全面建设小康社会的必然任务。我国要全面建设小康社会，其重点在农村，难点也在农村。改革开放以来，我国城市面貌发生了巨大变化，但大部分地区农村面貌变化相对较小，一些地方的农村还不通公路，群众看不起病、喝不上干净水，农民子女上不起学。这种状况如果不能有效扭转，全面建设小康社会就会成为空话。因此，我们要通过建设新农村，加快农村全面建设小康的进程。

建设新农村，是保持国民经济平稳较快发展的持久动力。扩大国内需求，是我国发展经济的长期战略方针和基本立足点。农村集中了我国数量最多、潜力最大的消费群体，是我国经济增长最可靠、最持久的动力源泉。通过推进新农村建设，可以加快农村经济发展，增加农民收入，使亿万农民的潜在购买意愿转化为巨大的现实消费需求，拉动整个经济的持续增长。特别是通过加强农村道路、住房、能源、水利、通信等建设，既可以改善农民的生产生活条件和消费环境，又可以消化当前部分行业的过剩生产能力，促进相关产业的发展。

建设新农村，是构建社会主义和谐社会的重要基础。社会和谐离不开广阔农村的和谐。当前，我国农村社会关系总体是健康、稳定的，但也存在一些不容忽视的矛盾和问题。通过推进新农村建设，加快农村经济社会发展，有利于更好地维护农民群众的合法权益，缓解农村的社会矛盾，减少农村不稳定因素，为构建社会主义和谐社会打下坚实基础。

因此，建设新农村是新形势下促进农村经济社会全面发展的重大战略部署，是实现全面建设小康社会目标的必然要求，是贯彻落实科学发展观和构建和谐社会的重大举措，是改变我国农村落后面貌的根本途径，是系统解决"三农"问题的综合性措施。

第二节　四川省新农村建设的现状及难点

四川是一个农业大省，要实现四川省的科学发展、和谐发展，就必须要搞好农村的发展，即搞好新农村建设。由于新农村建设是一个庞大而复杂的系统工程，涉及多方面的内容，为了提出四川省新农村建设投融资长效机制及其发展策略，对四川省新农村建设现状及存在的问题进行分析和总结是很有必要的。

一、四川省新农村建设现状

四川省于2006年从增加农民收入、推进现代农业建设、加快农村基础设施建设、发展农村社会事业等方面，全面启动全省的新农村试点建设工作以来，全省的新农村试点建设工作取得了可喜的成绩，但仍然存在许多不容忽视、亟待解决的问题。

（一）四川省新农村建设取得的成就

1. 农村经济稳步发展，农民收入较快增加

近年来，中央以及省市区各级政府的一系列支农惠农政策的出台和落实，如免除农业税、不断提高粮食收购价格、进行各种农业补贴（对农民种粮进行的直接补贴；对农民购买粮种进行补贴；对农民购买农机具进行补贴；农业生产资料价格综合补贴）等，极大地调动了农民种粮和发展农业生产的积极性，加快了农村经济的增长速度，促进了农业总产值的较快增长，促使四川农村经济进入了一个新的发展阶段。

目前，全省新农村建设类型主要有五种：一是特色产业带动型。依托优势资源，培育支柱产业，通过"一村一品"带动村社综合发展。二是农家文化旅游带动型。挖掘农村民间文化和生态资源，通过发展乡村文化旅游促进新农村建设。成都、乐山、巴中等地开发乡村文化旅游资源，一批村社面貌已焕然一新。三是市场流通带动型。发展农村市场，以市场促产业，以产业兴乡村。绵阳涪城区龙门镇刘里村依托交通优势，大力兴办蔬菜等特色农产品批发市场，搞活了经济，富裕了群众。四是基础设施建设促进型。以水利、道路、沼气等建设和"五改三建"为重点，依托以工代赈、农业综合开发、扶贫开发等项目，完善基础设施，促进新农村建设。广元市元坝区元坝村、自贡市富顺县明星村等，利用以工代赈项目资金，有效解决了行路难、饮水难、增收难等问题。五是工商企业帮扶型。企业与乡村结对帮扶，提供项目、资金、技术、信息，支持新农村建设。宏达集团在什邡市建设宏达新村，计划3年内投资1.1亿元，目前已投资1 200万元。

表5-1　四川省农村居民人均纯收入及全省农业总产值增幅对照表

项目	2000 年	2005 年	2010 年	2000—2005 年增幅	2005—2010 年增幅
农村居民人均 纯收入（元）	1 903.60	2 802.78	5 139.52	1.47 倍	1.80 倍
全省农业总产 值（亿元）	785.37	1 037.20	2 069.33	1.32 倍	2.00 倍

注：表中数据资料来源于 2001 年、2006 年、2011 年的《四川统计年鉴》。

从表5-1可以看出其中 2000—2005 年全省农村居民人均纯收入增幅为
1.47 倍，净增加额为 899.18 元，年均增加额为 179.836 元；而 2005—2010 年
全省农村居民人均纯收入增幅为 1.80 倍，净增加额为 2 336.74 元，年均增加
额为 467.348 元。另外，2000—2005 年全省农业总产值增幅为 1.32 倍，净增
加额为 251.83 亿元，年均增加额为 50.366 亿元；而 2005—2010 年全省农业总
产值增幅为 2.00 倍，净增加额为 1 032.13 亿元，年均增加额为 206.426 亿元。
同是 5 年的时间，其增幅存在较大差距，实施新农村建设后的农村居民人均纯
收入年均增加额是以前的 2.60 倍，实施新农村建设后的农业总产值年均增加
额是以前的 4.10 倍。由此可见，新农村建设的成效是显著的。

2. 基础设施逐步改善，生活环境不断优化

随着四川省新农村建设的扎实推进和农村小城镇建设步伐的加快，四川省
农村居民的居住质量和居住环境得到了进一步改善。在国家、省政府的一系列
政策资金的大力支持下，四川各市（州）、县（市、区）农村都组织实施了农
村电网改造、林业生态建设、人畜饮水改造、县乡道路建设、农村中小学校舍
建设、小康住宅建设等一批基础设施项目建设，使农村基础条件进一步改善，
农业发展有了后劲，可持续发展有了保证。据调查，四川省农村居民居住楼房
面积占总居住面积的比重为 55.8%；钢筋混凝土结构住房面积占总居住面积
的比重为 40.2%；饮用自来水、深井水等清洁水源的农户占 64.0%；使用水
冲式厕所的农户占 16.6%；炊事活动使用沼气、液化气、电、太阳能等清洁
能源的农户占 34.6%；住宅外道路为水泥或柏油路面的农户占 38.3%。

家庭设备用品及服务消费增加，档次提升。2010 年，四川省农村居民人
均家庭设备、用品及服务消费支出为 239.5 元。受到国家家电下乡政策的激
励，农村居民家庭家用电器普及率迅速提高。据调查，2010 年末，四川省农
村居民家庭拥有洗衣机的占总户数 64.3%；拥有电冰箱的占总户数的
48.0%；拥有空调的占总户数的 6.9%；拥有抽油烟机的占总户数的 3.1%；

拥有热水器的占总户数的 25.7%；拥有计算机的占总户数的 4.8%。

乡村市场更加繁荣。随着国家对"三农"的投入力度逐年加大，农民的钱袋子开始鼓起来了，加上家电下乡、汽车下乡等一系列刺激消费政策的持续实施以及新农村建设的扎实推进，推动了乡村市场的繁荣。2010 年四川乡村市场实现零售额 1 316.7 亿元，高于城镇市场 0.3 个百分点。

进入新时期以后，党中央、国务院提出要加快农村安全饮水工程和电网建设。四川省经过多年的治理，到目前为止农村集中供水率：平坝地区达到 100%；丘陵地区达到 90% 以上；山区达到 70% 以上。从电网的建设来看，大电网的电已全部直接进村入户，这使电在传输过程中的损耗大大降低了。农村电网改造后，农村的电价基本上保持同网同价。

3. 农业生产条件不断改善，农田水利基本建设成效显著

随着党中央和省委省政府一系列加强农业基础地位政策、措施的出台和贯彻落实，近年来四川省农田水利基本建设成效显著。2010 年末，全省有效灌溉面积达到 2 553.1 千公顷。其中旱涝保收面积达到 1 757.1 千公顷，机电灌溉面积达到 282.1 千公顷。良好的灌溉条件，为 2010 年四川省农业的稳定增产提供了重要的前提条件。

农业机械拥有量迅速增加，农业机械化水平明显提高。2010 年，四川省农机市场繁荣，农机具销售增加，农村农机拥有量、总动力保持增长态势。2010 年末全省农业机械总动力达到 3 155.1 万千瓦。其中大中型拖拉机发展迅速，数量达到 91 112 台；与大中型拖拉机配套的农机具达到 31 878 台；农用排灌柴油机、联合收割机和机动脱粒机也分别达到 44.71 万台、1.89 万台和 107.41 万台；农用排灌电动机、农用水泵达到 11.34 万台、61.67 万台。伴随着农业机械拥有量和总动力的增加，农业机械化程度明显提高。

农业生产资料投入增加。四川省各级政府及有关部门十分重视增加农业生产中现代化要素的投入，千方百计增加农业生产资料的供给，想方设法保证抗旱保浇用电。2010 年，全省农村用电量达 141.7 亿千瓦小时；农用化肥施用量（折纯量）达到 248 万吨；农用塑料薄膜使用量达到 11.42 万吨；农药使用量达到 6.2 万吨。

4. 文化教育加快发展，农民素质不断提高

近年来，随着农村经济的稳步发展和农民收入的不断提高，四川省也逐年加大了对教育和科技的投入，中小学校舍建设、远程教育网络建设、电化教育设施投入成为各地农村投资的重点。与此同时，各市（州）、县（市、区）不断加大对农民的培训，传授农民各种实用技术和知识，培养致富能人。如建立

了农村义务教育的经费保障制度。从 2006 年开始，就在农村实行了义务教育阶段的学生免交学杂费制度，同时农村义务教育阶段孩子的教科书全部由政府免费提供，这使得四川农村失学儿童的比例显著下降，从根本上提高了农民的文化程度和自身素质。另外，文化上致力于农村的广播电视"村村通"的建设。

随着四川省农村居民收入水平的提高，农民自身也更加注重精神文明建设。2010 年四川省农村居民文化教育及娱乐用品消费支出增长了 15.6%，文体娱乐服务消费支出增长了 36.5%。

5. 农村六大社会保障体系基本建成

近年来，随着加快推进农村社会保障机制建设，农村社会养老保险、新型农村合作医疗、农村最低生活保障、农村五保供养、农村医疗救助、农村计划生育家庭奖励扶助六大保障体系已经在四川省农村逐步形成。随着六大保障体系的逐步推广和完善，四川广大农民群众的幸福指数不断上升。

（1）养老保险实现农民老有所养

四川省现有农业人口 6 700 余万，占全省总人口的 76%；2006 年起，我省开始在省内部分地区开展新农保探索试点，并从 2008 年起纳入省委、省政府"民生工程"。2010 年四川省被国务院新农保试点办确定为年内新农保试点区。截至 2010 年 6 月底，四川省首批试点的 21 个县参保人数已达到 543.2 万人，其中缴费人数达 370.6 万人，待遇领取人数 172.6 万人，扣除外出劳务务工人数后，参保覆盖率达到 77.2%。首批试点含 2 个藏区县（汶川县及九龙县），参保人数共 2.4 万人，已有 0.9 万人享受新农保待遇。随着试点区域的不断扩大，作为农村社会保障机制的一个重要组成部分，目前四川的农村社会养老保险已经具备一定规模，各地为被征地农民均办理了养老保险手续。被征地农民养老保险并轨政策的实施，提高了被征地农民的生活保障水平，受到社会各界的好评。其试点的县入保人数达 80%。

（2）新农合基本实现全覆盖

新型农村合作医疗，简称"新农合"，是指由政府组织、引导、支持，农民自愿参加，个人、集体和政府多方筹资，以大病统筹为主的农民医疗互助共济制度。采取个人缴费、集体扶持和政府资助的方式筹集资金。目前，四川省新农合参合农民人均筹资标准 230 元，参合率达到 98%；全省 172 个县（市、区）实施门诊统筹，占统筹地区总数的 98%；141 个县（市、区）开展支付方式改革，占统筹地区总数的 81%。2012 年 1~5 月，新农合政策范围内医疗费用报销比例达到 65%。

（3）计生奖励扶助提高人口素质

2011 年 2 月，国家将四川省列为农村部分计划生育家庭奖励扶助制度试点省，四川省随即启动了此项工作。四川省根据国家统一规定，将生育子女数量符合相应时期法规和政策规定、现有两个女孩的夫妻纳入了奖励扶助范围。2012 年中央和地方财政将出资 1.2 亿元，对四川省 20 万名早年实行计划生育的农民进行奖励扶助，符合条件的对象每人每年可领取 600 元计生奖励扶助金，直到亡故为止。

（4）最低生活保障促进农村社会和谐发展

《四川省农村居民最低生活保障办法》已经于 2009 年 10 月 13 日在省人民政府第 42 次常务会议中通过，自 2010 年 2 月 1 日起施行。凡具有四川省户籍的农村居民家庭，年人均纯收入低于户籍所在地农村居民最低生活保障标准的，均可申请农村居民最低生活保障救助。家庭成员中在校就读的学生，纳入其家庭申报最低生活保障的人口计算。家庭中持有非农村居民户口的成员，可申请城市居民最低生活保障。

（5）农村五保供养实现全覆盖

四川省农村五保供养采取集中供养和分散供养相结合的形式，鼓励实行集中供养。患有精神病和法定传染病的农村五保供养对象不应在农村五保供养服务机构集中供养。实行集中供养的，由农村五保供养服务机构和农村五保供养对象签订供养服务协议；实行分散供养的，由村（居）民委员会和农村五保供养对象签订供养服务协议。现散居户是 130 元/月·人，集中供养者是 240元/月·人。农村五保供养对象死亡后，集中供养的，由五保供养服务机构办理丧葬事宜；分散供养的，由村（居）民委员会办理丧葬事宜。任何组织或个人不得侵犯农村五保供养对象对其合法私有财产的所有权。

（6）一站式服务——农村低保户和五保户两个群体受益

医疗救助本是针对特别困难的群体，目前四川只是针对农村低保户、五保户两类人。因此，四川省实施了"一站式服务"，即民政部门将农村低保户、五保户的资料提交到新农合资料库中，当这两类人群到医院就医时，医院系统可以自动显示出他们的相应资料，老百姓不用先把救助的这部分钱垫上，不再需要来来回回地申请报账，而是由民政部门直接和医疗机构结算。迄今为止，全省共有农村低保对象 166.18 万户、351.45 万人，五保供养对象有 48.09 万人。这约 400 万人口，将直接受益于"一站式服务"。按农村低保和五保人数计算，农村年人均医疗救助水平不低于 154 元。

[新农村建设成功案例]

　　目前四川省比较具有代表性的新农村示范建设基地是四川省成都市双流县。金桥镇昆山村是双流县一个十分偏远的村落，村民们大多外出打工，留下老弱病残守候着几亩薄田艰难度日，村支委常常为每年收不够农税而焦心。

　　2005 年，县委、县政府提出并实施了"三个集中"，昆山村从"农用地向规模经营集中"入手，引进业主租用土地种植大棚蔬菜，一时间，昆山村沉睡的土地被接踵而至的业主激活。农业种植公司来了，带来了新品种、新技术；虹禾公司来了，种植的黑大豆出口韩国，以高于本地数十倍价格大受韩国人追捧，"豆腐卖出了肉价钱"；浙江温岭西瓜种植大户来了，入口化渣、香甜四溢的西瓜卖进了超市……

　　土地被租用的农民经过培训成了农业工人，除了租金一分不少，每月还能按时领取工资——农民在奔向小康的路上大步迈进。在昆山村，大部分土地都以业主为主体从事蔬菜种植，成都市万亩城市基础菜地已具雏形。笔直的菜园大道、畅通的 U 形渠以及一块块齐整的菜地，昭示着一个产业的蓬勃生机。

　　昆山村在变，更大的变化紧随其后。2005 年，以城市基础菜地为依托，双流县启动了昆山村综合示范区建设。作为双流县坝区镇新农村试点村，昆山村开始了大规模的"换档升级"建设———四川农业大学双流专家大院在昆山村建起了分院；示范区内道路四通八达；示范区灌溉、排水两无忧；200 户的两个中心点和一个聚居点"五改五建"目前已超过一半。

　　如今的昆山新村，水、电、路、通信、绿化、沼气池、给排水以及放心药店、放心商店、图书室、电信、邮政等配套设施逐步完善，农业规模化、产业化、市场化步伐进一步加快，农民的生产、生活方式正在发生大转变，综合示范区建设得到全面推进。

　　昆山村是双流县新农村建设的一个缩影，"三步走"与"三个机制"在5～8 年内把全县建成新农村。双流县是一个有着近 70 万农民的大县，破解"三农"问题一直是双流县每一届县委、县政府的心头之痛，而寻觅破解之道也就一直没有停歇过。

　　2002 年，借"2002 中国成都城市竞争力论坛"在双流举办，聪明的双流人将城市化高度浓缩为"减少农民"。次年，四个字替代了这种说法，那便是"三个集中"，从理论与实践层面上把破解"三农"问题上升到了相当的高度。

　　十六届五中全会提出大力实施"以工补农、以城带乡"的战略方针，双流县及时跟进，在创造性地提出并实践了"三个集中"的基础上，又敏感地加上了"统筹"一词。而"统筹"的一个明显例证即是在西部率先启动了以"十村示范、百村整治"为内容的新农村建设。

为推动新农村建设稳步前进收到实效,双流县制定了"三步走"的五年规划。第一步:1年内完成10个村的整治任务;第二步:3年内完成100个村的整治任务;第三步:用5~8年把全县广大农村建成生产发展、生活宽裕、乡风文明、村容整洁、管理民主的新农村,并建成10个"村美、民富、班子硬"的示范村和10个特色村。

建设需要钱,钱从何来?在新农村建设中,双流人一边实践一边总结,逐步探索出多元化的投入机制。

建立群众参与机制。试点之初,双流就确立了"政府引导,农户为主,社会参与"的建设原则,在广泛征求村民意见的基础上,制定了村民投工投劳和筹资办法。新村公共设施建设由镇村组织、社为业主,农户投入劳动,政府实物支持;农民住房整治以农民为主体,整治资金以农户自筹为主、县镇补助为辅,较好地解决了建设主体和投资主体的问题。

建立工业反哺农业、城市支持农村的长效机制。双流按照统筹城乡发展的总体要求,加快推进城乡一体化进程,认真实施了农村"三大工程",多方筹集建设资金。2006年,县财政新增1 000万元资金专门用于新农村建设,并在今后5年内每年按1 000万元递增。

建立村庄整治与土地整理相结合的机制。根据农村住房零星分散、占地较广的特点,制定了村庄整治激励政策,鼓励农民通过村庄整治,退宅还耕,把节约的农村建设用地用于新农村建设或由国家征收,既节约了耕地,又促进了新农村建设。

规划先行试点引领新农村建设有序推进。在双流,金桥镇地处偏远,而昆山村更是被人遗忘的一个村落。3年前,"三个集中"的东风吹到了昆山村。该村从"土地向规模经营集中"切入,通过土地流转和土地整理,引进业主租地搞蔬菜种植。如今,作为"十村示范"工程之一的昆山村已引进业主30余户,集中成片建设城市基础菜地6 000余亩(1亩=0.067公顷,以下同),实现人均年增收600元以上。

规划先行,试点引路。双流根据山、丘、坝不同的地形地貌和各地不同的产业状况,在尽量保留传统民居文化的基础上,按照"人与自然和谐,贯穿生态理念、体现文化内涵、反映区域特色"的原则,完成了10个示范村和1个试点村的规划。先期启动了永安镇白果村、金桥镇昆山村、三星镇南新村的新农村建设。

在此基础上，双流采取了有力的试点措施，效果明显，村庄环境得到改观。先期启动的白果村、昆山村、南新村3个示范点，经过整治建设，村庄面貌焕然一新。白果村新铺设柏油路面，新建、整治排湿沟，新建了U型渠，新建了沼气池，安装了路灯；完成风貌改造、庭院绿化及"四改一建"，拆除了土坯房；在规划区内安装了供水及污水处理系统、数字电视、通信网络。昆山村已完成菜园大道，新建了U形渠；两个农民小区的主体工程已具雏形。

产业支撑能力进一步增强。在新农村建设过程中，结合土地流转和引进项目，大力推进农业产业化，增加农民收入。白果村以品质优良的红提葡萄基地为依托，兴建水果交易市场，发展第三产业。到目前为止，有16户农户计划利用改造后的农庄发展农村休闲旅游。

农民整体素质有所提高。白果村先后组织村民320人次到成都近郊休闲旅游搞得较好的红砂村、幸福梅林等地参观学习，让农民开阔眼界、转变观念，学习和了解发展农村休闲旅游的运作模式和基本要求。同时，县级有关部门还对农民进行烹调技术、社交礼仪、管理服务、法律法规、职业技能等方面的培训，让他们普遍掌握一两门专业技能。白果村、昆山村还分别建立了农业科技专家大院，聘请专家教授定期对农民进行农业技术培训，提高农民发展现代农业的技术水平，进一步培育和发展特色农业。

(二) 四川省新农村建设存在着诸多问题

虽然四川省新农村建设取得了可喜成绩，但是与"新农村"的标准和要求相比，还有很大差距，还存在着下列问题：

1. 人多地少，农民增收后劲不足

四川是一个农业大省，农民收入的大部分来自农业。截至2010年底，四川省耕地面积401.07万公顷，农村居民家庭人均经营耕地面积1.08亩；全国农村居民家庭人均经营耕地面积2.28亩，四川的农村居民家庭人均经营耕地面积不到全国的一半。加上近几年来，四川基础设施的增建，导致耕地面积又在逐年减少（见表5-2）。

表 5 - 2　　　　　　　　2007—2010 年减少耕地面积情况表

单位：千公顷

年度	年内减少耕地面积	其中：年内减少耕地面积中国家基建占地	其中：年内减少耕地面积中乡村集体占地	其中：年内减少耕地面积中农民个人建房占地
2007	22.00	11.39	1.87	0.854
2008	26.00	14.57	1.96	2.62
2009	31.48	19.23		3.65
2010	35.50	20.36		1.50

注：表中数据来源于 2007—2011 年的《四川统计年鉴》。

由此可见，四川省人多地少的局面非常严重。近年来，虽然各地加大了农业结构调整和科技推广力度，但农村土地有限，加之农业生产方式总体上还比较落后，因此仅靠现有土地和种养方式很难实现全省农民收入的突破。与此同时，四川省农村第二、第三产业发展较慢，经济效益普遍较低，对农民增收的支撑能力弱，农民从事第二、第三产业收入较少，农民增收后劲不足。

2. 农村基础设施和农业生产条件改善投入不足

近年来，尽管国家大力推进新农村建设，四川省农村基础设施建设投入力度不断加大，农业生产生活条件不断改善提高，但总体来看，农村基础设施投入依然不足。农业基建投资占我国基建投资的比重并没有明显提高，与农业快速发展的需求已不相适应，严重制约了农村基础设施的建设步伐，成为农业和农村经济发展的瓶颈因素。由于受农村基础设施投入不足瓶颈的制约，部分行政村灌溉和生活用水设施严重老化，导致水资源浪费；同时村上没有进行科技服务活动的场所，没有文化设施，村民一般不进行集体文化生活，也没有生产和生活垃圾、污水等处理设施，因而很大程度上影响了农村居民的正常生产和生活。

3. 农产品粗放生产，加工能力低，产业化经营尚处在初级发展阶段

目前四川省在农作物种植和畜产品养殖过程中，更多地追求数量的增长，不注重质量的提高，更忽视了品牌效应，盲目效仿和低水平重复时有发生。特别是在农产品价格上涨后，四川省大部分农村盲目扩大相应农作物的生产，导致价格下跌。例如，有调查显示蔬菜从收购到批发市场一般加价 25% 左右，从批发市场到城内的零售市场，加价则超过 50%，其中少数菜品价格甚至翻

倍,可见,种植业者并未因蔬菜价格上涨获利,出现了种菜的不如卖菜的现象,从而影响生产者的生产积极性。

农业产业化程度低,龙头企业带动和辐射弱。虽然近年来四川农业产业化发展迅速,但与全国相比,四川省的农业生产仍然属于传统生产型,规模化和集约化程度低,抵御自然灾害和市场风险的能力弱,影响了农业生产规模的扩大。另外,在各级党委政府的帮助扶持下,四川省目前已经拥有了3 000多个龙头企业,这些企业也发展了一些生产基地,但真正做到了"公司+基地+农户"及为农民增收起到较大促进作用的企业则是凤毛麟角。

4. 城乡收入差距呈扩大趋势,影响社会和谐发展

由于四川农业整体上的生产方式较为落后,农业生产力发展水平低,劳动生产率低,农业产业化发展缓慢,未能形成规模效应和集约效应,农产品加工深度不够,产品附加值低,与市场经济体制相适应的农业保护政策体系还没有完全建立起来。这直接导致了广大农民普遍收入较低,导致城乡居民的收入差距较大。虽然国家近年来采取了提高粮食收购价格、免征农业税、进行农作物补贴等一系列政策促进农民增收,但由于结构上还未发生根本改变,城乡居民之间的收入差距不仅未能缩小,甚至还有扩大的趋势,其相关数据如表5-3所示。

表5-3   2005—2011年城乡居民收入情况及差距对照表

单位:元

年份	2005年	2006年	2007年	2008年	2009年	2010年	2011年
城镇居民家庭人均总收入	9 003.59	10 117.00	12 009.81	13 685.10	15 323.8	17 128.89	19 688.1
农村居民家庭人均总收入	4 158.19	4 342.82	5 096.98	5 903.28	6 238.49	7 031.01	8 656.5
城乡居民收入绝对差距	4 845.4	5 774.18	6 912.83	7 781.82	9 085.31	10 097.88	11 031.6
城乡居民收入相对差距	2.17	2.33	2.36	2.32	2.46	2.44	2.27

注:表中数据来源于2011年的《四川统计年鉴》和2010年的《中国统计摘要》。

从表5-3可看出,2005年以来,四川省城乡居民收入增长的相对差距和绝对差距都在逐年扩大。如果估算实际的差距,恐怕比表中数据还要大出不少,因为目前统计的城镇居民收入只包括可支配性收入,不包括城镇职工享有的公费医疗、教育补贴、养老待遇等收入,而这些农民要么没有,要么数量与城市居民相差甚远。这种差距的存在乃至扩大就导致了部分农民产生不满情绪,非正常上访、聚众斗殴、抗拒拆迁等事情时有发生,新农村建设的热情不

高，社会的和谐受到较大影响。

5. 农村贫困仍然严重，政府富农强农效应不显著

（1）四川省农村贫困规模大。四川全省现有国家扶贫重点县36个，占全国扶贫重点县6.1%；重点贫困村1万个，占全国扶贫重点村6.8%；2010年全省贫困人口166万人，占全国的6.2%。

（2）四川省农村贫困区域明显。四川省扶贫重点县主要分布在川西、川西南的"三州"彝藏族聚居区、川北秦巴山区和川南乌蒙山区，形成"三大贫困片区"。其中有20个县位于少数民族地区，13个县位于革命老区，4个县同时位于少数民族地区和革命老区。

（3）农村贫困人口减少的速度明显放慢。在国家"八七"攻坚计划时期，四川平均每年减少贫困人口100万以上。但是，进入新阶段后，农村贫困人口的减少速度明显放慢。2001—2005年，四川省农村贫困人口每年减少100万左右，年均递减12.8%；2005—2010年五年间四川省农村贫困人口总共才减少了145.5万人，年均递减11.8%。

（4）四川省农村贫困地区居民收入水平低。2010年，36个扶贫开发工作重点县农民人均纯收入为4 021.2元，比全省平均水平少1 118.3元，仅相当于全省平均水平的78.2%，比上年下降了0.22个百分点，收入差距进一步扩大。从收入构成看，工资性收入、家庭经营纯收入、财产性纯收入、转移性纯收入分别相当于全省平均水平的68.3%、93.8%、25.3%、66.2%。

（5）四川省农村贫困地区居民生活质量差，人居环境条件恶劣。2010年36个扶贫重点县人均住房面积33.2平方米，比全省平均水平低3.7平方米。其住房质量较差，还有31.5%的农户住房为土坯或竹草房，饮用自来水的农户仅占全部农户的14%。每百户拥有洗衣机37.3台、电冰箱24.3台、摩托车22.7辆、固定或移动电话149.2部、彩电87.4台，分别相当于全省平均水平的56.7%、49.2%、59.9%、79.3%、84.9%。2010年扶贫重点县农民人均生活消费支出为2 965.6元，相当于全省平均水平的76.1%；恩格尔系数达53.9%，比全省平均水平高5.6个百分点。另外，由于农民自身素质、经济发展、传统观念和历史等原因，贫困地区的乡镇基本没有进行科学的建设规划，农户住宅位置沿袭历史，随处而建，比较凌乱。农户住宅大部分是普通砖瓦房甚至还有一部分是年久的土坯房，安全系数不高。同时农户基本没有环保意识，随意堆放农作物副产品、肥料等，导致整个村巷卫生很差，秩序很乱，脏乱差问题十分突出。

6. 劳动力素质低，思想观念落后

由于受教育的程度低，文化水平低，加上社会不良风气影响，当前，绝大多

数农民的素质不容乐观。突出表现在：农民思想还比较保守，传统的小农意识根深蒂固，生产、生活和行为方式都与现代社会生活的要求差距甚远。在思想素质方面，由于保守和小农意识根深蒂固，普遍存在"小富即安"心理，缺乏干大事创大业的开拓进取精神；同时缺乏诚信意识，常常有造假行骗不守诚信的行为出现。在文化素质方面，农村居民受教育程度普遍偏低，相当一部分农民的文化水平才达到甚至未能达到小学水平。由于农民科技知识低下，对新事物、新技术缺乏认识，从而降低了其接受新事物、学习使用新科技的能力。在技能素养方面，具有一技之长的人还比较少，导致种地只能粗放经营不能集约经营，打工则只能卖苦力干粗活，严重地制约了农民的增收。在道德素质方面，赡养父母、尊老爱幼等传统美德有滑坡趋势，关心集体、热心公益等集体主义观念正在逐步淡化，赌博、封建迷信等不良社会风气有抬头的趋势。农民素质不高的现状严重制约着新农村的建设，也严重阻碍和谐社会发展的进程。

7. 农村医疗卫生、科技、文化、教育、社会保障等各项社会事业建设滞后

（1）医疗条件差，医疗水平低。目前新型农村合作医疗在四川虽已开展，但尚未全面覆盖，且报销比率还不够高；由于农村医疗经费投入较低，医务人员待遇较差，导致农村医疗设备差、医务人员水平低，医疗卫生状况令人担忧。

（2）科技文化投入不足，教育负担加重。尽管近年来农村居民科技和文化水平有很大提高，但总体看，科技文化投入依然不足，底子薄、基础差、人才缺、资金少、设施差的状况未从根本上改变。

（3）社会保障难以保证。由于各地经济发展状况的不同，四川部分地区的部分乡镇既没有实行最低生活保障制度，又没有实行养老保险和医疗保险制度。由于经费原因，除国家硬性规定外，社会保障的资金尚未能统一纳入区财政的计划，只能由各乡镇承担，导致了保障的水平有高有低。

8. 各地级行政区际间经济发展不均衡，农民收入差距越来越大

表5-4　　2003—2009年四川省各地区农村居民家庭人均纯收入表　　单位：元

地区	2003 年	2004 年	2005 年	2006 年	2007 年	2008 年	2009 年
全省	2 230.00	2 580.30	2 802.80	3 013.00	3 546.70	4 121.20	4 462.10
成都市	3 655.70	4 072.00	4 485.40	4 905.80	5 642.30	6 481.50	7 009.90
自贡市	2 461.60	2 872.50	3 188.00	3 491.50	4 058.80	4 627.00	5 004.10
攀枝花市	2 778.60	3 154.90	3 463.10	3 863.60	4 436.80	5 062.60	5 474.90
泸州市	2 515.50	2 883.00	3 165.50	3 422.00	3 829.60	4 332.20	4 679.40
德阳市	2 790.00	3 257.20	3 585.10	3 906.60	4 540.90	5 184.60	5 627.20
绵阳市	2 550.90	2 901.90	3 179.10	3 461.50	4 038.60	4 752.40	5 151.90

表5-4（续）

地区	2003年	2004年	2005年	2006年	2007年	2008年	2009年
广元市	1 639.00	1 846.50	2 000.10	2 203.40	2 759.00	3 164.50	3 481.90
遂宁市	2 186.60	2 519.20	2 828.20	3 108.10	3 668.70	4 287.10	4 654.10
内江市	2 333.60	2 723.40	2 986.80	3 264.90	3 815.60	4 403.20	4 765.50
乐山市	2 545.90	2 926.60	3 241.50	3 494.70	4 057.90	4 582.70	4 892.00
南充市	2 037.20	2 344.70	2 646.10	2 900.70	3 366.10	3 863.10	4 182.40
眉山市	2 497.30	2 969.50	3 284.50	3 566.90	4 138.90	4 754.20	5 134.70
宜宾市	2 437.90	2 795.80	3 068.40	3 331.20	3 930.70	4 512.70	4 873.80
广安市	2 276.40	2 606.10	2 915.50	3 148.40	3 710.20	4 290.50	4 655.20
达州市	2 353.00	2 722.70	2 943.50	3 124.90	3 591.10	4 096.70	4 420.70
雅安市	2 294.50	2 512.70	2 829.30	3 103.50	3 634.80	4 155.80	4 488.40
巴中市	1 549.90	1 831.20	2 031.90	2 239.20	2 551.90	3 018.40	3 318.40
资阳市	2 183.50	2 680.60	2 988.70	3 269.20	3 846.10	4 441.30	4 803.30
阿坝藏族羌族自治州	1 421.70	1 634.00	1 881.40	2 085.60	2 405.80	2 555.30	3 066.20
甘孜藏族自治州	1 031.50	1 161.20	1 309.80	1 481.70	1 691.90	1 925.60	2 228.70
凉山彝族自治州	1 780.00	2 156.40	2 438.20	2 716.70	3 186.80	3 653.30	3 960.30

注：表中数据来源于2005—2010年的《四川统计年鉴》。

从表5-4和图5-1均可以看出全省21个地级行政区中，成都市农村经济较发达；巴中市和广元市相对比较落后；最落后的就是甘孜藏族自治州和阿坝藏族羌族自治州。

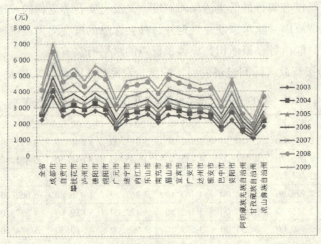

图5-1 四川省各地区农村居民家庭人均纯收入变化曲线图

由图 5-2 可看出，四川省不同地区农村居民家庭人均纯收入差距越来越大。2003 年其差距为 2 624.20 元，到 2009 年其差距已经变成 4 781.20 元，其差距年均增长 11.74%。由此可见，四川省各行政区之间发展不均衡，差距越来越大，需要在新农村建设过程中，根据具体情况进行认真的研究规划。

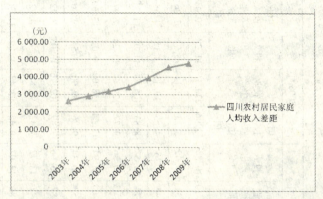

图 5-2　2003—2009 年四川省地区间农村居民家庭人均收入最大差距变化图

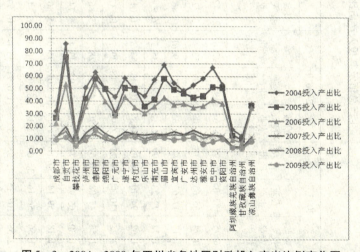

图 5-3　2004—2009 年四川省各地区财政投入产出比例变化图

9. 各地区农村经济发展差距大，财政投资效率越来越低

表5-5 2004—2009年四川省各地区农业财政投入、生产总值及其投入产出比表

单位：亿元

市(州)	2004年			2005年			2006年			2007年			2008年			2009年		
	财政投入农业生产总值额	农业生产总值	投入产出比	财政投入农业生产总值额	农业生产总值	投入产出比	财政投入农业生产总值额	农业生产总值	投入产出比	财政投入农业生产总值额	农业生产总值	投入产出比	财政投入农业生产总值额	农业生产总值	投入产出比	财政投入农业生产总值额	农业生产总值	投入产出比
成都市	5.26	168.01	31.94	6.75	182.05	26.97	8.63	195.13	22.62	21.72	235.10	10.83	23.96	270.15	11.28	30.03	267.77	8.92
自贡市	0.61	52.29	85.72	0.74	55.63	75.18	1.09	57.99	53.38	3.72	72.34	19.42	5.23	82.11	15.71	7.26	80.17	11.04
攀枝花市	0.85	11.01	12.95	1.17	11.63	9.94	1.35	13.01	9.61	3.86	16.44	4.26	4.65	19.33	4.15	4.68	20.32	4.34
泸州市	1.26	63.85	50.67	1.72	72.23	41.99	2.12	75.81	35.77	6.23	90.74	14.57	8.83	105.81	11.98	11.71	100.69	8.60
德阳市	1.39	87.47	62.93	1.62	94.10	58.09	1.89	100.82	53.32	6.01	122.43	20.36	9.77	129.41	13.24	7.97	133.31	16.73
绵阳市	2.01	100.41	49.96	2.22	110.44	49.75	2.92	116.18	39.79	10.37	144.63	13.94	17.54	158.09	9.01	13.60	156.72	11.52
广元市	1.06	46.04	43.43	1.54	47.08	30.57	1.70	48.92	28.78	5.86	60.53	10.34	9.26	69.90	7.55	9.80	72.40	7.39
遂宁市	1.03	60.1	58.35	1.30	65.92	50.71	1.63	70.92	43.44	5.74	89.87	15.66	7.89	102.76	13.03	8.72	100.41	11.51
内江市	1.07	52.27	48.85	1.18	59.14	50.12	1.77	62.05	35.04	5.86	80.47	13.72	7.42	97.84	13.19	8.72	98.43	11.29
乐山市	1.25	55.13	44.10	1.56	56.16	36.00	2.10	63.96	30.39	6.34	82.86	13.07	9.45	93.47	9.89	11.36	91.38	8.04
南充市	1.75	99.73	56.99	2.58	107.15	41.53	3.09	110.71	35.84	10.77	152.18	14.13	13.74	171.19	12.46	16.66	178.27	10.70
眉山市	0.86	59.18	68.81	1.11	64.66	58.25	1.57	67.54	42.95	6.26	84.55	13.50	7.90	97.71	12.36	9.05	97.55	10.78

市（州）	2004 年			2005 年			2006 年			2007 年			2008 年			2009 年		
	财政投入农业生产额	农业生产总值	投入产出比	财政投入农业生产额	农业生产总值	投入产出比	财政投入农业生产额	农业生产总值	投入产出比	财政投入农业生产额	农业生产总值	投入产出比	财政投入农业生产额	农业生产总值	投入产出比	财政投入农业生产额	农业生产总值	投入产出比
宜宾市	1.31	71.39	54.50	1.62	79.89	49.31	2.24	83.74	37.32	6.84	107.45	15.72	9.35	124.44	13.31	13.68	123.37	9.02
广安市	1.31	63.26	48.29	1.47	68.30	46.46	1.84	70.30	38.11	6.50	86.26	13.27	7.93	100.59	12.69	9.96	101.34	10.17
达州市	2.12	112.1	52.88	2.71	116.70	43.06	3.59	125.78	35.07	9.63	163.49	16.97	12.78	185.01	14.47	16.32	178.14	10.91
雅安市	0.46	26.75	58.15	0.64	28.35	44.30	0.90	32.76	36.38	2.86	38.49	13.46	4.32	46.08	10.67	7.33	44.80	6.11
巴中市	0.79	52.87	66.92	1.12	57.67	51.49	1.47	60.65	41.26	5.59	73.28	13.12	6.83	89.23	13.07	9.55	75.76	7.93
资阳市	1.54	82.06	53.29	1.74	88.46	50.84	2.39	91.33	38.23	8.92	110.44	12.38	11.76	132.76	11.29	12.88	129.51	10.06
阿坝藏族羌族自治州	0.76	13.46	17.71	1.12	14.71	13.13	1.65	15.66	9.49	4.89	19.55	4.00	6.53	20.20	3.09	7.45	22.97	3.08
甘孜藏族自治州	0.85	10.45	12.29	1.13	11.08	9.81	1.60	11.52	7.22	4.91	19.76	4.03	8.37	23.66	2.83	9.75	25.44	2.61
凉山彝族自治州	2.22	83.36	37.55	2.49	92.07	36.98	2.92	102.04	34.95	10.90	130.31	11.95	15.54	157.63	10.15	19.28	157.46	8.17

注：

1. 农业生产投入总额为《四川统计年鉴》中各地区的农业生产支出额；

2. 农林水事务投入总额为《四川统计年鉴》中各地区的农林水事务财政总支出；

3. 农业生产总值为《四川统计年鉴》中各地区第一产业生产总值。

从表5-5和图5-3均可以看出：四川省各地区新农村建设的财政投入产出效率差距很大，而且其效率越来越小了。横向比较2004年最高投入产出比为自贡市是85.72，最低为甘孜藏族自治州是12.29，最高投入产出约为最低投入产出的7倍。到2009年最高投入产出比为德阳市是16.73，最低投入产出比为甘孜藏族自治州是2.61，2009年最高投入产出仍然为最低投入产出的近7倍。

纵向比较2009年的最高投入产出比仅为2004年最高投入产出比的0.20倍。从图5-3可以看出2004—2009年各地区的财政投入产出比都在下降，这是值得各位专家深入研讨的，各级政府和新农村建设者必须要对此高度重视的。

10. 惠农强农政策的刺激效应开始弱化，农民参与新农村建设积极性不高

"十五"末期开始，从中央到地方，各级党委政府均加大了对"三农"的投入力度，出台了一系列的强农惠农扶农政策，并从资金上加大扶持力度。这些政策、措施的实行，为农业生产发展、农村经济壮大和农民收入的提高起到了决定性的推动作用。但是，由于部分政策、措施基层在执行中困难较大、成本较高，执行方式发生走样，导致这些政策措施不能真正发挥作用，给"三农"带来的刺激效应开始弱化；导致大部分农民对建设新农村持等待、观望的态度，认为新农村建设是政府的形象工程，不愿真正出力、出资相助新农村建设。

二、实施新农村建设中面临的三大主要难点

(一)"空心村"现象严重，农村土地流转难

随着农村人口迁到城镇以及公路沿线，原来的村落不复存在，出现"空心村"。迁到公路沿线的居民修建房屋会占用大量好的耕地，而且农民自己还随处建房，居住分散，新修的房子无传统民居色彩，这就要求相关部门应该在这方面做好规划。目前很多干部已经认识到了科学规划的重要性，认为要分层次、分梯次进行规划，分年度实施规划。如广安市邻水县就把村社分为启动村和重点村，启动村先找出自己的主导产业、优势，进行申报，然后在启动村中找出重点村。四川省其他大部分地区都未像邻水县那样实施规划，导致四川省很多农村地区都出现了"空心村"现象。另外，我国土地政策30年不变，许多农民小农意识较强，竞相要地成为农民发生纠纷的热点，且大量外迁农民在农村都保有土地。因此，新农村建设和实现农业产业化都需要解决土地流转难的问题。

（二）农民的主体地位不突出，参与新农村建设积极性不高

对新农村建设的投入主体认识有误区，出现政府唱主调的局面，甚至某些地方有时政府帮助，农民却冷眼旁观，全由政府包办。并且在建设过程中，最终受益者农民对"什么是新农村、怎样建设新农村"，基本没有一个清晰的认识，大部分的观点是"政府让怎么做，就怎么做"。还有一些做法也让农民不理解，影响农民的积极性。如由于政绩工程的影响，一些农民认为，新农村建设应该由政府买单负责修路、修房子、买家具等；新农村建设开展时一般先选择公路沿线展开，各个村在具体开展时农民不能得到同样的条件，某些村的农民要付出更多的钱，影响农民的积极性。因此，如何转变农民的观点，提高农民的积极性，将农民在新农村建设中的主体作用发挥出来，则是面临的新问题。

（三）农村劳动力外流严重，造成空置房屋多

由于农村劳动力的60%左右均在外务工，剩下的是以老人、小孩为主体的人群，致使在新农村建设中劳动力严重缺乏，很多地方都是专门到外地去招聘工人，同时留守在农村的老少人员在农村由于传统的生活习惯影响，缺少精力去照管种植的作物，新农村建设的主体缺乏对新农村建设的参与。还有许多在外务工的农民家中房屋空置，政府对其也进行了美化，保持统一的效果，但几年之后房屋还是无人居住，前期的投资就白费了。甚至有些房屋主人已经迁移出去，但仍然保留着破烂的房子在宅基地上，这些房子的存在都会影响新农村建设的开展。

第六章　四川省新农村发展战略思路和政策选择

第一节　四川省新农村建设的战略思路

从根本上看，新农村建设是解决四川省农业和农村发展中诸多矛盾的重大战略选择，由于四川省"三农"矛盾相对突出，城乡统筹难度大，新农村建设的任务更为艰巨和繁重。因此，必须立足新的历史条件，准确把握新农村建设的实质，深入研究四川省新农村建设面临的现实矛盾及客观需求，在此基础上提出具有全局性和前瞻性的战略思路和政策选择。

一、加快现代农业发展

四川省推进新农村建设必须把大力发展现代农业摆在十分重要的位置，并且突出以产业化为重点，推动现代农业发展。除了应加大投入显著改善农业生产条件，提高农业装备水平，增强农业科技推广能力之外，应当特别注重土地适度规模经营的突破。但四川人地矛盾尖锐，推进土地适度规模经营必须以保证农村内部稳定为基本前提，必须防止出现农村土地过度兼并倾向，避免在外部条件不具备时贸然将大量农民变成"无地农民"。此外，在以产业化为重点推动现代农业发展中还必须坚定不移地坚持农业产业结构的战略性调整。在建立有一定规模的特色农业上实现突破，应当以川猪、川茶、川果、川竹等为重点，突出分区发展优势，以规模求发展，以特色争效益，真正把农业特色资源优势转化为现实经济优势。

二、基础设施优先发展

四川省农村基础设施建设总体水平落后，已经构成新农村建设的瓶颈性矛盾，因此，相关政府部门必须下决心调整投资重点，实施根本性突破；应当加大财政转移支付力度，专项投资、企业运作、政府监管、以市场化运作方式显著提高财政资金的投资效率。同时进一步完善农村社区内部"一事一议"制度，以利益机制为基本导向更充分地调动农户参与社区内小型生产和生活设施投资的积极性。此外，还必须多元化开辟市场渠道筹集资金，弥补财政资金的不足。一是发行专项基础设施建设债券、有偿筹集建设资金；二是拍卖农村基础设施系统使用权、经营权或冠名权，筹集建设资金；三是以减税让利方式激励企业进行农村基础设施建设投资，拓宽社会资金进入渠道。

三、因地制宜推进村庄整治

新农村建设的实质是合理校正长期以来以工业和城市为中心的经济增长模式，真正实现以工补农和以城带乡，进而推动城乡经济社会协调发展。因此，新农村建设绝不是简单地变农村为城市，绝不是把外观漂亮但对农民而言实用性极差的城市建筑模式不加区别地移植到农村。从现实出发，新农村建设中村庄整治的重点应当是基础设施配套和生活环境治理，必须把保有并不断挖掘各地优秀传统农村文明作为凸显自身优势的主要着力点，通过展现农村多姿多彩的异质性文化，保持对城市独特的吸引力。在这方面必须重视三个方面的问题：第一，因地制宜编制和实施村庄建设规划，避免走入"为集中而集中"的误区；第二，新农村建设中的农房改造必须强调最大限度保留其多重功能特征，力避出现农村新居的千篇一律；第三，农村人居环境的改造必须同开发利用农村优秀传统文化有机结合，形成产业调整与村庄建设一体化推进的新格局，赋予新农村建设全新的内涵。

四、新农村建设与工业强省互动

就实质而言，新农村建设与工业强省之间应该也必须构成互为促进的互动关系。因此，当前亟待从战略高度重新审视四川省推进工业强省战略与新农村建设的相互关系，必须找到两者之间的契合点，建立内在的联结机制，实现城乡三次产业互动发展。为此，应当重点从三个方面加以突破：第一，真正把大力发展农产品加工业作为实施工业强省战略的重点和连接城乡产业的链条，依托优势特色资源，实施一大批农产品加工重点项目；第二，合理调整空间布局，引导农产品加工业重点布局县域范围，与城市工业形成梯次分布；第三，发育规范的农村土地租赁市场和土地产权市场，合理引导农村集体土地以租赁或入股方式参与土地资源的非农化开发。

五、新农村建设促城市化发展

从四川省的现实情况看，由于城市化发展滞后的矛盾十分突出，如何以新农村建设促进城市化发展，是一个不容回避的问题。为此，必须实施三个方面的对策措施：一是加紧制定并实施县域范围的城镇和村庄空间布点规划，切实有效地解决镇村聚落分散、人口集聚度低的问题；二是以城镇和村庄空间布点规划为依据合理确定政府投资农村公共性基础设施的重点区域，力避低效或无效投资；三是强化对农民非农化能力建设的外部支持，从政策上鼓励农民更多地进行人力资本投资，掌握新的技能，增强进城务工或创业的能力，为越来越多的农民彻底脱离土地奠定坚实基础。

第二节　韩国"新村运动"给予的启示

"他山之石，可以攻玉"。新农村建设工作是一项长期而复杂的系统工程，要如何开展，借鉴其他国家的成功经验不失为一个好的方法。在笔者看来，韩国所开展的"新村运动"对我们的新农村建设有着很大的启示。

所谓"新村运动"，是指在 1970 年 4 月 22 日，当时的韩国总统朴正熙在旱荒对策会议提出了灾民再建对策，发起了以自助、自立精神为基础的改变村庄运动，即"新村运动"，目标是将"所有的村庄都能从落后的停滞的传统村庄发展成先进的现代村庄"。这项运动最初在农村推行，后来扩展到城市、工厂和学校，工作内容也由单纯的管理改革扩展到政治、经济、社会和文化等诸多方面，成为一场席卷全韩的全方位社会改革运动，并且该运动一直持续至今。

笔者之所以选择它来分析，不仅是因为中韩两国地缘相近、文化相仿，更是因为韩国"新村运动"的实施背景与当前中国的背景颇为相似。一是农村建设基础差，农民生活水平低。1962 年农民人均 GDP 仅为 82 美元，全国 250 万农户中 80% 住茅草房，只有 20% 的农户通电。"住草房、点油灯、吃两餐"是当时韩国农民生活的真实写照。二是国家实行非均衡的经济发展战略，工农、城乡差距拉大。韩国的城乡差距在殖民地时期就有，新中国成立后的一段时间仍未得到缩小。1962—1971 年，韩国政府实施了两个五年计划，重点扶持产业发展和扩大出口，工农业发展严重失调，工农业的增长速度差距拉大，城乡居民的收入由 1962 年的 1∶0.71 扩大到 1970 年的 1∶0.61，而且这种差距有继续扩大的趋势。贫富差距的拉大，加剧了社会矛盾。三是农村发展后劲不足，农业生产濒临危机。城乡差距的持续扩大，导致农村劳动力的大批流失，农村劳动力老龄化、弱质化，农业后继无人；加上农业机械化发展滞后，导致部分农村地区的农业濒临崩溃的边缘。与此同时，韩国经济也依靠出口导向型的发展模式取得了成功，政府以财力支援农业，以缩小城乡、工农、区域间的差距，在这种社会背景下，"新村运动"出台了。

"新村运动"取得的成就也是巨大的。一是农民的生活环境得到了明显改善。到20世纪70年代末，全国基本实现了村村通车，所有的农民都住进了瓦片或彩钢顶的房屋，绝大多数的农户装上了电灯。到1993年，每百户农民拥有彩电123.6台、电冰箱105台、汽车20.9辆、燃气炉100.4个、电话99.9部、计算机6.7台。村庄的卫生状况也很好。二是农民的收入水平得到了明显提高。韩国农业产值占国内生产总值的比重越来越低，从1960年的40%降至2000年的4%，但农民的收入却越来越高。韩国农民收入相当于城市居民收入的比例：1970年为75%、1980年为95.8%、1990年为97.4%、2000年为83.6%。2004年，韩国人均GDP 1.4万美元，城乡居民收入比例为1∶0.84。三是农业生产得到了明显发展。1970—1998年，韩国大米产量由393.9万吨增加到509.7万吨，增长了29.4%，大米产量在1978年和1988年达到高峰，超过600万吨；同期，乳牛、猪、鸡的饲养量大幅度增长，部分农产品实现了由满足自给到出口创汇的转变。四是乡村文明程度得到了明显提高。韩国在"新村运动"中很注重树立新风尚，引导人们把传统美德与现代文明结合起来。他们灌输"远亲不如近邻"的思想，促成乡亲、邻里间的团结与合作。农村的社会治安状况良好，村民住宅的院墙不高，且很难见到防盗门窗。例如，济州郡卧屹里已经建成了"三无村"：无失业者村、无酒村、无堵村。五是城镇化水平得到了明显提高。在推进新村运动的过程中，韩国政府重视小城镇的建设，以便吸纳农村劳动力，并使其成为周围农村地区的生活、文化、流通、行政等多种职能的复合中心地区，从而加快了城市化进程。1960年韩国的城市化率为28.0%、1970年为55.3%、1980年为71.6%、1990年为84.4%、2000年达90.2%，城乡发展已无太大差别。

建设新农村、有效解决"三农"问题，是摆在我们面前的一项重大任务。韩国"新村运动"的经验，具有一定的启示和借鉴意义。

一、新农村建设必须树立全面实现农村小康社会的理念

起初，为了迅速改变国家的落后面貌，韩国实行了率先发展工业化的偏斜政策，但当他们发现城乡差距拉大的危害后，就很快矫正了政策，做到城乡经济社会协调发展，并且在某些年份还出现了农村发展比城市还快，农民收入比城市居民的收入还高的现象。韩国的经验表明，只要方向正确、政策有效、措施得当，城乡发展的差距是可以缩小甚至消除的；而且农村的发展不仅不会延缓工业化进程，反而能为工业化提供更大的市场和人力物力支持；同时我们实现城市化、工业化，只能采取有利于农民收入的提高和农村全面实现小康社会的政策措施，而不能成为损害农民利益的借口。因此，四川省新农村建设必须树立全面实现农村小康社会与城市化、工业化同步进行的理念。

二、新农村建设必须处理好国家、农民、市场的关系

从韩国"新村运动"发展的历程可以看出，处理好国家、农民、市场的关系，事业发展就会顺利；否则，就会遇到困难。韩国的成功做法是：充分发挥农民的主体地位，做到政府扶助与村民自立相结合，逐步以村民自立为主，政府推动与市场调节相结合为辅。即在"新村运动"的初期，国家在物质上予以扶持，在行政上予以推动；当新村运动变成农民的自觉行为时，政府的力量就会减小，农民的力量就会加大，市场的作用就会突出。

三、新农村建设必须建立完备的体制机制和政策体系

韩国政府长期重视农业和农民问题，政策呈现出了较好的系统性和连续性。我们要顺利建设新农村，使"三农"问题得到彻底的解决，就必须有一套完备的体制机制，使农业政策不发生大的波动。新农村的政策，不仅包括农业本身应该如何做，还应该把政府的责任列在其中，强化公务员对新农村建设的责任；要借鉴韩国政府的奖优机制，激发基层和农民的活力与创造力；要建立新农村建设的指导机构、研究机构和培训机构，通过各级各部门和全社会的共同努力，把中央的有关方针政策落到实处。

四、新农村建设必须把发展的目标性与实施的阶段性结合起来

韩国"新村运动"实行了近四十年才走到今天这一步，因此，我们不能试图一蹴而就。建设新农村是中国农村发展的一个大的方向，是解决"三农"问题的一个综合性的措施和战略决策，必须做好"打持久战"的心理准备，要把发展战略的长远性与当前工作的积极性结合起来，把发展的目标性与发展的阶段性结合起来。不能再犯急于求成、急躁冒进的老毛病。在这方面，韩国既有其值得学习的经验，也有其值得引以为戒的教训。

五、新农村建设必须做到城乡统筹

韩国"新村运动"不是孤立的"乡村"和"农民"的运动，而是全社会共同参与、城乡统筹解决农村问题的运动。其一，工业化和城市化的发展，为农村劳动力的转移提供了载体。1970—2000年期间，韩国农业就业人口从占全国劳动力总数的50%降至8.5%。所以，尽管韩国的农业资源总量较小，但由于农村人口少，农民人均的农业资源也相对较多。其二，国家实行了保护农业的政策。韩国农民收入主要依赖于农产品生产，2000年农产品收入占农民总收入的65%。为了维护农民的利益，政府对农业生产资料进行补贴；对国内农产品生产进行保护，以维持农产品的高价格；国家还对农产品实行"保底价格"，即当市场价格低于政府规定的价格底线时，政府给予价格补贴。这些政策的实施，使农民可以做到"增产就可以增收"。其三，实行了医疗保险制度，政府统一解决了中小学教育费用问题，农民不会因病致贫、因学致贫。其四，全社会广泛参与。韩国的"新村运动"是一个包括农民、城镇居民、厂矿、学校等各行各业在内的"泛国民建设新国家运动"。所以，我们建设新农村，不能仅仅停留在"三农"上，而是要坚定不移地落实统筹城乡发展的方针，把建设新农村变成全社会的自觉行动；要让农民享受到改革开放的成果，享受到城市化的成果，享受到大力发展县域经济的成果，切实解决农村劳动力转移问题，尽早改变种田无地、做工无岗、保险无份的"三无"状态；要建立新农村的资金投入和支持机制，财政、信贷、企业、民间组织等都要对新农村建设做出应有的贡献。

六、新农村建设必须重视对广大农民的精神培育

精神教育与增加收入、改善环境一起，是韩国"新村运动"的三大法宝。对此，我们要高度重视。新农村的建设过程，是对农民进行再教育的过程，还是对农民精神面貌的提升过程。我们要借鉴韩国的经验，增强农民的"勤勉、自助、协同"意识，激发他们改变农村面貌的内在动力和活力；提高农民的文化素质和职业技能，使农民尽快接受新观念、新文化、新知识；提高农民的组织程度，发挥农民在新农村建设中的主体作用；建立"奖优"机制，把有限的政府扶助资金用在"刀刃"上，用在能吸引农民投入的激励点上。同时，公务员尤其是各级党政领导要带头学习和接受教育。四川省的省情决定了政府在新农村建设中具有非常积极而重要的作用，只有领导干部及全体公务人员学习好了，才能很好地发挥引导和推动作用。

七、新农村建设必须始终重视增加农民收入

增加农民收入是农村工作的一个永恒的主题。韩国的"新村运动"始终注重增加农民收入，让农民得到实惠、看到希望，因而"新村运动"才得到了农民的普遍理解和支持，并将这一运动扩展到全国。而四川省新农村建设也只有不断增加农民收入，才能使这一伟大事业最终获得成功。

八、新农村建设必须强化政府公共服务的职能

韩国"新村运动"是从农村公共产品的生产起步的，如修路、架桥、通水，后来扩展到建农民会馆、建敬老堂以及解决上学、看病、养老等问题，得到了农民群众的支持和拥护。所以，强化公共服务，是我们建设新农村的一项重要内容，是各级党委政府义不容辞的责任。我们要在改善农村交通状况、实现安全饮水、清洁能源、卫生整治、看病、养老、上学等方面多做工作，以尽早取得成效。

第三节　四川省新农村建设应该采取的政策措施

一、发展现代化农业产业，培育后续资金的"造血系统"

四川省新农村建设应大力推进农村产业结构的战略性调整，培育主导产业，充分发挥区域比较优势，促进优势农产品的区域化、规模化发展。即培育新农村建设后续资金的造血系统。

首先，选准结构调整的突破口，对农业和农村产业结构进行全面的优化升级。按照市场经济规律的要求，遵循广开思路、广辟渠道、多种经营、突出特色、搞活经济、提高效益的原则，按照调高、调优、调出质量和效益的方向，充分利用省内、周边省市两种资源和两个市场，通过区域布局调整，优化资源配量，发挥资源优势，尽快形成优势产区和产业带；通过产品结构调整，加快实现农产品由产量型向质量型、专用型和高附加值型、高回报率型发展；通过农村产业结构调整，加快发展农产品加工业和服务业，加速农村剩余劳动力向非农产业和城镇、城市转移，广泛合理地利用农业资源，促进农业内部结构的合理化和产业化的良性循环。

其次，积极发展农村第二、第三产业，尤其是乡镇企业中的农产品加工业。在经济发达国家，农产品的深加工品已经占到原产品的80%以上，增值

部分一般都是原值的 4~5 倍，而四川省只有 1~2 倍，差距明显。因此，加快农产品加工业的发展，努力提高农产品的附加值，是调整农村产业结构的一个重大战略问题，也是农业发展的一大优势和潜力所在。今后，我们应该以发展工业的理念发展农业，积极发展民营企业、非公有制经济，遵循多层次、多样化的原则，适应市场的不同需求，提高产品质量和档次。既要面向城市市场，又要满足农民要求；既要发展大规模的加工业，又要发展具有地方风味和特色产品的小企业，使农产品加工业真正成为推进建设新农村的主导产业之一。

二、加快农村物流基础设施建设，解决农业产业发展后顾之忧

要使农业规模产业可持续化发展，必须发展农产品物流业。因此，首先必须加大对农产品物流基础设施的投入，包括：农村道路建设，要从乡乡通公路到村村通公路；农产品运载工具的开发生产、发展与改进各式农用运输车；加强粮库、棉库、糖库、保鲜库、冷藏库建设；发展农产品加工配送中心，特别是针对连锁超市所需配送食品的加工配送；提升产地、销地农副产品批发市场。其次，要培育与壮大从事农产品物流主体。除国有粮食公司、供销合作社外，还应提倡"公司 + 农户"式的农业公司。这种公司既指导农户生产，又从事农产品加工与流通，它是农业公司、农业合作社、农民协会服务的第三方物流企业，同时也是农产品物流服务的专业公司，包括专业运输、专业包装公司等。因此，加快农村物流基础设施建设，要培育与壮大从事农产品物流主体，发展农产品物流业。

三、加快农村通信及信息设施建设，以便农户参考农产品信息决定其种植项目

目前，许多地区的农民和地方政府都已认识到：调整农业结构，种植或养殖市场上畅销的农畜产品，是提高农业经济效益、增加农民收入的根本途径。但具体到某个地区、某个农户、每个地块，到底应该种什么、养什么，群众往往束手无策。其根本原因是人们缺乏对现代农业科学技术及农畜产品市场供求、价格、消费心理等信息的发展变化的了解，缺乏有关方面的数据和资料及其分析和判断。因此，今后一个时期，必须加快农村通信及信息设施建设，特别是互联网的建设，通过互联网搜集现代农业科技和国内外农产品市场供求、价格变动趋势的信息，建立相应的预测预报系统，定期向农民发布相关的信息，真正使农民的农业生产与国内外的市场紧密联系起来，使农产品的生产更好地适应国内外市场的消费需要。

四、积极推进城镇化建设，解决人多地少的矛盾

积极推进城镇化建设，加快农村剩余劳动力多渠道转移，扩大农民就业和增收空间，解决人多地少的矛盾。发达国家的实践证明，如果继续把大量的农村剩余劳动力拴在土地上，农民就根本无法富裕，新农村建设必须减少农民数量，要繁荣农村必须推进城镇化。因此，要尽快打破城乡分割的二元格局，加快城镇化步伐，使更多的农村劳动力向非农产业、乡镇企业、小城镇和城市转移，逐步减少农民数量，增加农民的就业机会，增加农村人均资源占有量，实现工业与农业、城市与乡村发展的良性互动。具体措施是：一要加快推进城镇化进程，以县城和具有发展潜力的中心建制镇为重点，健全小城镇的居住服务、公共服务和社区服务功能，增强小城镇吸纳劳动力就业的能力，正确引导乡镇企业向城镇集聚、农村劳动力到城镇就业等的有序流动，注重发挥小城镇带动经济发展的功能。二是以农产品加工、储藏、运输等农村服务业为重点，大力发展第二、第三产业，实现农民就地转移。三要组织农民进城务工经商，建立健全保障农民利益的法律法规体系，如防止拖欠工资，改善劳动环境，保障农工的身体健康和生命安全，取消所有歧视性和限制政策。在长时期内，要竭尽全力搞好农村教育事业，一是要大力加强农村基础教育，使更多的农民子弟尽快通过高考升学实现高层次的转移；二是通过职业教育培养更多社会急需的合格的技工型人才，为实现农村劳动力第二层次转移创造良好的条件。

五、提高农民的农业技能，解决新农村后续劳动力的问题

目前农村人口虽然多，但新农村建设越来越缺乏劳动力是一个不争的事实。第一代外出务工的农民工由于年纪原因而逐渐回乡，他们在农村仍然具有劳动能力，不仅种植自己的土地，还会种植那些正在外务工的农民的土地。但这些人只占据了劳动力的很小的一部分，而80%以上的劳动力仍在外务工。可以设想10年后这些农业劳动力一旦退出，而新一代的农民长期在外务工，不愿意种地，谁来种地也是一个需要考虑解决的问题。

因此，建设新农村，必须要考虑解决农村后续劳动力的问题。笔者认为要从根本上解决这个问题，就必须培育新型农民，即有较强的农业技能和较好的综合素质。发达国家农业的发展显示，农民的技能和知识水平与其耕作的生产率之间存在着正相关关系（舒尔茨，1964）。农业劳动生产率提高，农民就能获得更多的边际产出，增加可支配收入，并有多余的劳动力转移出去，从事非农产业，进而推动整体经济发展。要使农民具备从事专业化农业生产和产业化

经营的技能、知识和智慧，具有较高组织化程度，能与其他社会群体、政府平等对话，维护自身利益，又能自律，必须做好以下四项工作：

（1）强化基础和职业教育。发展农村基础教育应加大资金的投入，将教育投资向农村和农民倾斜。加强农民职业教育，提高农民职业技能素质，关键是不断完善职业教育的层次结构，以满足农民对各个层次教育的需求愿望。它分三个层次和两个方面。三个层次包括：初级职业培训、初中后中等职业技术教育、高中后高等职业技术教育。两个方面包括：对农民进行农业科学技术教育和培训及对农民进行转岗教育和职业培训。

（2）适时提供专场职业技能培训。以市场为导向，为农民提供专场职业技能培训，使他们了解新信息，能够掌握市场所需农产品生产的新技术，增强致富发展的本领。

（3）提供法律知识培训。使农民通过学习法律知识，真正达到学法、懂法、守法、用法，维护自己的合法权益不受侵害。

（4）建立示范推广基地。利用"农民精英"的经验进行示范教育，使农民在干中学、学中干，不断积累农业技能和经验。

六、加强农村社会保障体制建设，促进农村和谐发展

一是尽快建立农村医疗保险、农村养老保险、农村最低生活保障等基本法规。这是建立农村社会保障制度的关键，功能就是稳定农村社会和经济、促进农村经济增长、缓和农村的各种社会矛盾，使农村社会保障工作能依法有序地进行。二是多渠道筹措农村统筹基金及养老基金。采取国家出大头、地方拨一点、农民自己出一点的方式，将农民社会保障问题带入实质性运行轨道，切实改善农村居民生存状况，使城乡更加协调发展。三是对农村统筹基金及养老基金进行有效的监督、管理及使用。

七、扩大基层民主，推进农村民主法制建设

一是加强党的领导，推进农村基层民主法制建设。二是狠抓农村普法教育，不断提高农民法律素质，培育农民的民主法制意识。充分利用骨干培训、新闻媒体、法律工作者以案说法等多种形式和途径广泛宣传，提高农民的法律素质，增强依法办事和参与村务管理和监督的能力。三是实行村民自治，规范建章立制。按照"依法建制，以制治村，民主管理，民主监督"的原则，让群众自我教育，干部自我约束。以村务大事民主决策制度为突破口，解决农村的热点、难点问题，从而提高农民参与村务管理的积极性和主动性，全面行使

法律法规赋予的民主权利，制定出切合实际、操作性强的工作规范。四是加强综合治理，维护农村社会、经济稳定。要加大对农村违法违纪案件的查处、打击力度；要齐抓共管，共创共建，动员全社会力量积极参与，搞好农村综合治理，维护农村社会、经济稳定。五是发挥村民自治组织的作用，强化村民自我管理、自我服务的功能。把阶段性集中整治与日常性管理结合起来，建立健全村规民约，开展各项积极向上的群众评比活动，激励先进，鞭策后进，促进新农村建设走上制度化、规范化的轨道。

八、加强各部门之间的协作，提高新农村建设效率

目前新农村建设主要是农工部门在负责实施，而新农村建设不只是一个部门的任务，还涉及旅游、教育、社会保障、医疗保险等部门，是一个多部门协调的组织。要以工促农，城市支持农业，使小城镇成为新的增长极，最终实现城乡一体化。要各级领导重视，规定各个部门必须协调合作，多种工作同时展开，才能保障新农村建设的顺利实施及早日完成。

九、培养好领导干部，增强风险意识，避免权力寻租

基层干部的领导在新农村建设中起着关键作用，基层干部是向导，领导好坏直接关系到农民的切身利益，因此要选好村级领导干部，选好带头人。提高基层领导干部素质，目前特别要利用好选调的大学生资源；要多为农民的利益着想，多做实事，不急功近利，不搞政绩工程；同时要加强领导能力培养。

目前基层干部在新农村建设过程中无投入、产出分析，且县、镇、村之间存在认识的误区，缺乏统一指挥，即来一个领导实行一套。上一级统一安排发展的某种产业，村干部都不知道是怎么回事，也不知道究竟成本是多少，都是建成后再进行核算，这样就导致最终受害者是农民，也挫伤了农民建设新农村的积极性。同时在引进业主之后，村干部本身水平有限以及其他原因使其不能有效地管理业主，加上进入某地的业主可能有一定背景，一旦市场行情不好，风险出现，业主逃走，剩下的烂摊子难以收拾，农民利益无法确保，这些都是领导干部在引进业主时需要考虑的问题。

十、加强"空心村"治理，杜绝农村资源浪费

如何保护现有耕地资源，提高土地利用率，让"空心村"实起来，是国土资源管理部门和关心"三农"问题的有识之士面临的新课题。对"空心村"进行全面整治，是一个长期而复杂的社会工程，不能急于求成，必须因地制宜

地做好以下工作：

（一）加强宣传

加强《中华人民共和国土地法》、《中华人民共和国土地管理法》、《基本农田保护条例》等法律法规的宣传力度。各级政府土地管理部门要增强责任意识和忧患意识，深入基层，积极参与新农村建设的监督管理，切实把土地工作做实、做细。组织大学生志愿者，利用假期时间，进村入户，宣讲耕地资源贫乏的国情，普及国家保护土地资源的法律知识，力争使农民家家懂法、个个守法、人人珍惜土地资源。

（二）加强监管

县、乡、村三级政府要加强对土地资源的监管，严格执法，坚决制止农村违法用地。要严格遵守各项用地审批制度，照章办事，坚持"先批后建"的原则。对未经审批强行占地、超标占地者，要依法从严处理。对"一户多宅"、"建新不拆旧"的现象要拿出操作性强的办法，抓紧实施整改。为避免激化矛盾，建议乡、村干部加强对辖区内耕地的日常管理和检查，及时终止村民的违法用地行为。不要等人家把房建好了，再去"拆违"，给工作造成很大被动，恶化干群关系。

（三）培养村干部

政府相关部门要在培养得力村干部上下大力气。笔者认为，就如"空心村"现象的出现和蔓延一样，农村的很多棘手问题的出现很大程度上与村干部的无知、短见和没有法律观念密切相关。国家的各项政策措施、法律法规最终是通过这些村干部落实到各家各户的，他们的综合素质和政策水平直接关系到农村的稳定和发展。一个有远见卓识的村干部，才能把村子治理得井井有条，才能实现民富村强。对于"空心村"的治理，村干部更应因村制宜，有自己独到的办法。

（四）因地制宜，多措并举

（1）对经济基础较好、空心现象严重的村，可实行整村改造。将村庄住宅划定在一定范围内，按照统一设计、统一规划、统一施工、统一标准的原则，建设农村住宅楼，改变农民传统的庭院式住宅模式，有利于美化农村环境，还可以节约大量土地资源。

（2）对于经济条件较差，但自然风光优美、有丰富可开发旅游资源的村庄，可以采取用景区的开发经营权招商引资的办法，即利用部分招商资金建设新民居，把置换出的荒芜土地和闲置宅基地提供给开发商发展旅游产业。这样既可以增加村民在家门口就业的机会，又把部分在外打工的农民吸引回村，加强农村的建设力量。

（3）对村内闲置旧宅和荒地相对较少的村子，可以采取政府发放补助资金或集体出资统一租用机械设备的方法，鼓励村民拆房平地，改造自家闲置旧宅。能还田的，引导村民还田搞种植（蔬菜、林果等）；不能还田的，可以由村委会征用，建成村里的公共设施（娱乐、医疗、托老、商业、文化等），即充分利用了土地资源又丰富了农民的物质文化生活。

（4）对于自然条件恶劣、经济基础薄弱的小村，可以实行整村搬迁，向大村的"空心村"内安置。实行村庄合理撤并、土地资源有序整合，打造集体经济的规模效应。

（5）建立农村土地租用和宅基地内部流转的有效机制。引导农民把大量荒芜耕地租给种田大户，把闲置旧宅转让给那些需要宅基地的农户（照顾双方利益）。

第七章　四川省新农村建设投融资机制现状分析

第一节　四川省新农村建设投融资主体现状分析

投融资主体是具有独立投资决策权并对投资负有责任的经济法人和自然人。它主要包括三层含义：第一，在经济发展过程中能够相对独立地做出投资决策，包括投资方向、投资数额等；第二，要保证有足够的资金来源进行投资；第三，投资决策者对投资所形成的资产享有所有权和支配权，并能自主地或委托他人进行经营。

根据投融资主体的含义，将四川农村投融资主体及其行为划分为：政府行为——政府财政资金投资行为；金融机构行为——信贷资金投融资行为；农户投融资行为——农户投资及融资行为；工商联支农行为——农村集体投融资行为和农村企业投融资行为。

一、政府农村投资行为

政府包括中央政府和四川省各级地方政府，我国设立了四级地方政府：省政府、地区级政府、县政府和乡镇政府。本书中的政府农村投融资行为，是指政府以直接或间接投融资方式从事农村投融资活动，并对其所辖区域内经济主体的农村投融资活动进行管理的行为。

农业财政资金是指国家财政预算中用于农业的各项支出，包括中央政府与地方政府预算的农业资金。在内容上，农业财政资金既包括国家农业项目投入的资金，也包括用于农业的各项补贴、事业费等支出。据目前中国财政统计口径，农业财政资金包括：①支援农村生产支出；②农林水气等部门的事业费；③农业发展专项资金；④农业基本建设支出；⑤农业科技三项费用；⑥农村救济费；⑦支援经济不发达地区支出；⑧粮棉油价格补贴；⑨其他农业财政支出。

（一）政府财政农村投资行为目标

（1）提供农村公共产品。在农村除了私人投资和私人产品外，还存在大量的公共产品，如农村公共设施（如乡村道路、水电线路、通信设施、灌溉设施等）和公共服务（如公共管理、公共技术服务、公共信息服务、公共气象服务等）都是属于公共产品和准公共产品的范畴，具有一定的非排他性和非竞争性。政府是公共利益的代表，也应该是公共产品的供给者。由政府财政投资来生产农村发展所需的公共产品是一种有效的供给方式。

（2）校正农业生产的外部性。农业是属于国计民生的基础产业，具有较强的生态效益和社会效益，农业生产往往具有正的外部性，即农业生产的边际社会收益大于农业生产的边际私人收益。农业生产的外部性会导致农业生产者按照私人边际成本和私人边际收益的均衡点来生产农业产品，结果造成实际的农业生产量小于社会最优的农业生产量的市场失灵现象，这种市场失灵的校正需要政府投资来弥补农业生产所产生的外部性，给农业生产者一定的财政补贴，以使农业生产量达到社会有效水平。

（3）支持和保护农业可持续发展。在现代经济中，农业与其他产业相比表现为一定的弱质性，高风险与低收益并存。而且在工业化过程中，也有工业依赖汲取农业剩余来完成原始资本积累，造成了农业资本大量外流。在工业化的中后期，必须通过财政向农业投资，使经济利益向农业、农村转移，为农村经济发展提供资金支持。另外，在激烈的国际竞争中，世界各国都在通过财政的大规模农业投资或各种农业补贴来对农业实施保护政策，以提高本国农业的国际竞争力，促进本国农业的长期可持续发展。

（二）政府财政农业投资行为特征：规模分析

衡量财政支农规模或国家对农业支持程度，主要有以下五种度量指标：

（1）财政农业支出占预算财政总支出比例。

（2）财政农业支出占农业 GDP 的份额。

（3）财政农业支出份额占农业 GDP 份额的比例，即（财政农业支出/财政支出）与（农业 GDP/GDP）的比值，它反映了农业在国民经济中的相对重要性与财政对农业的支持度之间的关系。

（4）我国 1993 年颁布、2002 年修订的《中华人民共和国农业法》（以下简称《农业法》）第三十八条规定："国家逐步提高农业投入的总体水平。中央和县级以上地方财政每年对农业总投入的增长幅度应当高于其财政经常性收入的增长幅度。"这是一个以法律形式确定下来的衡量财政支农增长的指标。

《财政部关于统一界定地方财政经常性收入口径的意见》（财预〔2004〕20号）再次规定：各级预算安排的教育、科技、农业支出的增长幅度，应高于财政经常性收入的增长。

（5）财政净投入指标，即财政农业支出与财政从农业取得的收入之间的差额占财政农业支出的比重。这个指标同时考虑了收入与支出两个方面，可以更准确地反映财政对农业的实际支持程度。

以下就分别利用上述前四种指标对四川省近 16 年以来财政支农规模的实际运行情况进行全面、客观的分析。

1. 财政支农绝对规模不断增加，相对规模呈波动性下降趋势

表 7 - 1　四川省农林水事务 1995—2010 财政支出及其比例一览表

单位：亿元

年份	四川财政 总支出	其中：农林水 事务财政支出	支农支出占 财政支出比例
1995	277.72	8.50	3.06%
1996	326.73	9.42	2.88%
1997	275.10	8.90	3.24%
1998	320.93	13.78	4.29%
1999	363.50	13.71	3.77%
2000	452.00	13.46	2.98%
2001	594.10	14.86	2.50%
2002	701.62	15.93	2.27%
2003	732.30	40.28	5.50%
2004	895.25	97.75	10.92%
2005	1 082.18	84.22	7.78%
2006	1 347.40	99.54	7.39%
2007	1 759.13	175.65	9.99%
2008	2 948.83	242.61	8.23%
2009	3 590.72	322.76	8.99%
2010	4 257.98	401.76	9.44%

注："四川财政总支出"和"农林水事务财政支出"数据来源于 1996—2011 年的《中国统计年鉴》的各地区财政支出。

从表 7 - 1 可看出四川省在实施新农村建设（2003 年）以前财政支农比例

很低，而且1998—2002年的比例也呈下降趋势。2003年四川省开始实施新农村试点建设，其财政支农资金比例大幅增加，但之后其支农比例又呈波动性下降趋势。

2. 财政支农额占农业 GDP 的比重呈现出较强的阶段性变化

表 7 - 2　四川省 1995—2010 年农林水事务财政支出及其占 GDP 比重一览表

单位：亿元

年份	四川农业 GDP	四川农林水事务财政支出	财政农业支出占农业 GDP 的比重
1995	1 113.96	8.50	0.76%
1996	1 274.32	9.42	0.74%
1997	1 395.43	8.90	0.64%
1998	1 455.19	13.78	0.95%
1999	1 444.86	13.71	0.95%
2000	1 483.52	13.46	0.91%
2001	1 534.89	14.86	0.97%
2002	1 651.53	15.93	0.96%
2003	1 784.49	40.28	2.26%
2004	2 252.28	97.75	4.34%
2005	2 457.46	84.22	3.43%
2006	2 602.10	99.54	3.83%
2007	3 370.17	175.65	5.21%
2008	3 686.20	242.61	6.58%
2009	3 689.81	322.76	8.75%
2010	3 852.16	401.76	10.43%

注：2010 年四川农业 GDP 的值按照《四川省 2010 年国民经济和社会发展统计公报》中的第一产业增长 4.4% 计算得到（3 689.81×104.4% = 3 852.161 6）；其他数据来源于 1996—2011 年的《中国统计年鉴》。

表 7 - 2 和图 7 - 1 反映了近 16 年以来财政农业支出占农业 GDP 比重的变化情况，1995—2002 年期间财政农业支出占农业 GDP 的比例趋于平稳波动；新农村建设开始以后，四川农业 GDP 较快增长，其财政农业支出的绝对额和占 GDP 的比重也在迅速增加，但这些财政支出大部分用于新农村试点区域的

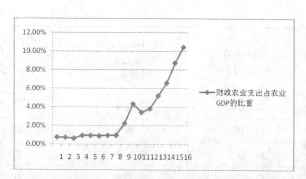

图 7-1　四川省 1995—2010 年财政农业支出占农业 GDP 的比重变化图

注：横坐标数字 1~16 为表 7-2 中自上而下的对应年份。

公共基础建设，如新村镇房舍建设、新村公路修建以及对农户居住环境和生活条件的改善，真正用于农业科技发展、提高农业生产力、增加农民的可支配收入还很少。由于新农村试点后，村容村貌有所改善，农民的可支配收入变化不大，所以很多地方的农民对新农村建设信心不足，大都认为新农村建设是政府的形象工程，不会过多地有惠于农民。

3. 财政农业支出份额占农业 GDP 份额的比例分段明显

表 7-3　四川省财政农业支出份额占农业 GDP 份额的比例一览表

年份	四川农业 GDP/四川 GDP	四川财政农业 支出/四川 财政支出	财政农业支出 份额占农业 GDP 份额的 比例
1995	27.10%	3.06%	11.29%
1996	26.80%	2.88%	10.75%
1997	27.20%	3.24%	11.91%
1998	26.30%	4.29%	16.31%
1999	25.40%	3.77%	14.84%
2000	24.10%	2.98%	12.37%
2001	22.90%	2.50%	10.92%
2002	22.20%	2.27%	10.23%
2003	21.20%	5.50%	25.94%
2004	21.60%	10.92%	50.56%

表7-3(续)

年份	四川农业GDP/四川GDP	四川财政农业支出/四川财政支出	财政农业支出份额占农业GDP份额的比例
2005	20.10%	7.78%	38.71%
2006	18.40%	7.39%	40.16%
2007	19.20%	9.99%	52.03%
2008	17.60%	8.23%	46.76%
2009	15.80%	8.99%	56.90%
2010	22.80%	9.44%	41.40%

注："四川农业 GDP/四川 GDP"数据来源于2011年《四川统计年鉴》中的"地区生产总值构成"栏目;"四川财政农业支出/四川财政支出"数据来源于表7-1。

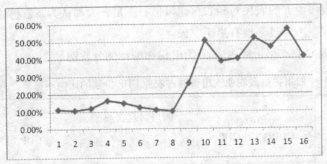

图7-2　四川省财政农业支出份额占农业 GDP 份额的比例图

注：横坐标数字 1~16 为表 7-3 中自上而下的对应年份。

从表7-3和图7-2可以看出四川省财政农业支出份额占农业 GDP 份额的比例呈较明显的阶段性变化。2003 年前其比例在 10%~16.5%之间;2003年四川省新农村建设试点开始后,其比例明显增长;2004—2010 年期间的平均比例为 46.65%,比 1995—2002 年的平均比例 12.33%高出 34.32%的原因主要是:各地区新农村基础设施建设财政投入额较大。由此可见,除去新农村基础设施建设投入外,四川省财政真正支持农业生产发展的力度并不大。

4. 财政经常性收入和财政支农增长比例波动均较大

财政经常性收入是指每个财政年度都能连续不断、稳定取得的财政收入。原则上包括以下三个方面:地方一般预算收入(剔除城市维护建设税、罚没收入、专项收入及国有资产经营收益等一次性收入）；中央核定的增值税及消费税税收返还、所得税基数返还及出口退税基数返还；中央通过所得税分享改革增加的一般性转移支付收入。

由于各地"收支两条线"改革进度不一致，行政事业性收费是否纳入地方财政经常性收入范围，由各地财政部门与人大有关部门商定。四川省是将其"行政事业性收费"纳入地方财政经常性收入范围的。

表7-4　　四川省财政经常性收入和财政支农增长比例对比表　单位：亿元

年份	四川财政经常性收入	四川财政经常性收入增长比例	四川农林水事务支出	四川农林水事务支出增长比例
1996	125.24	-14.73%	9.42	10.82%
1997	155.98	24.54%	8.90	-5.52%
1998	186.36	19.48%	13.78	54.83%
1999	178.00	-4.49%	13.71	-0.51%
2000	194.12	9.06%	13.46	-1.82%
2001	230.61	18.80%	14.86	10.40%
2002	242.05	4.96%	15.93	7.20%
2003	277.69	14.72%	40.28	152.86%
2004	315.13	13.48%	97.75	142.68%
2005	387.70	23.03%	84.22	-13.84%
2006	494.45	27.53%	99.54	18.19%
2007	690.38	39.63%	175.65	76.46%
2008	882.07	27.77%	242.61	38.12%
2009	994.22	12.71%	322.76	33.04%
2010	1 356.98	36.49%	401.76	24.48%

注："四川财政经常性收入"和"农林水事务支出"数据来源于1997—2011年的《中国统计年鉴》的各地区财政收入和支出。

从表7-4和图7-3中可以看出四川省1996—2010年财政经常性收入增长比例呈波动型上升趋势。而财政支农增长比例波动很大，主要受国家政策导向影响，1998年在国家支农政策导向的作用下，四川财政支农比例增幅为54.83%；2003年、2004年国家开始对四川省各地区分别试点新农村建设，所

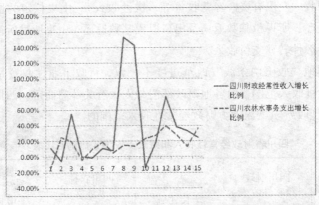

图 7 - 3 四川省财政经常性收入和财政支农增长比例对照图

注：横坐标数字 1～15 为表 7 - 4 中自上而下的对应年份。

以 2003 年、2004 年财政支农比例增幅分别为 152.86% 和 142.68%；但由于财力有限，在 2005 年的支农增幅比例减为 −13.84%。综上，四川省 1996—2010 年财政经常性收入增长比例平均为 16.87%，财政支农增长比例平均为 36.49%，如除去 2003 年、2004 年两年特殊年份的支农外，其财政支农增长比例平均为 19.37%。因此，四川近十多年以来支农比例总体来说达到了国家的《财政部关于统一界定地方财政经常性收入口径的意见》（财政〔2004〕20 号）文件要求。但从其他角度分析，其支农效果仍然需要改进。

5. 财政支农结构不合理，特别是对农业生产性投入较少

从财政支农结构分析，近年来存在着对生产性投入较低而对非生产性投入较高，即用于涉农行政管理部门的人员经费投入较多，对农业基础设施、农业科技、农村社会化服务体系资金投入缺乏的问题；同时，在对农业基础设施、农业科技、农村社会化服务体系的投入中，又存在着对农业基础设施投资的份额较高，其他方面的投入则相对不足的问题。

依照财政支农方式分析，财政间接投入支持"三农"的力度还远远不足。2010 年四川省财政通过财政贴息、风险补偿、保费补贴等间接投入方式支持农业发展约 10 亿元，在整个财政支持"三农"的 1 800 多亿元资金总量中，比重还不足 1%。

从财政支农效果分析，由于涉农行政事业运转类开支较大，本身有限的财政资金在农业生产发展的投入存在不足；同时，各项支农资金分由不同部门管理，由于部门之间职责不清，对政策的具体理解、执行和资金使用要求各不相同，政策之间缺乏有机的协调，往往出现资金在使用方向、实施范围、建设内

容、资金安排等方面有相当程度的重复和交叉；加之政府部门在支农项目选择的知识、经验和动机等方面存在天然不足，信息不对称问题难以克服，导致政府部门直接支农效率低下，农村经济发展没有像财政投入快速增长一样获得同步发展，在一些领域增长较慢甚至出现负增长。而财政间接支农，是通过一定的财政政策和资金去引导和示范，由金融机构按照市场化原则选择项目，贷款的具体发放和风险的防范都由金融机构独立承担，避免了财政直接参与项目的低效和重复，财政资金的杠杆效应非常明显。例如，农业保险，财政每投入 1元，带来的农业风险保障大约为 25 元；农业担保，财政每投入 1 元，可撬动大约 30 元的金融资本投入等。

二、四川省农村金融信贷服务与规模分析

农村金融是现代农业经济的核心，是促进农民增收、农村发展和农业增效的重要手段。四川是农业大省，农村资金短缺成为制约农村经济与社会发展的重要因素。随着农业产业结构调整步伐的加快，农村经济发展对资金的需求越来越大，迫切需要提供及时的金融服务支持。目前，四川省农村金融的覆盖率和满足率还较低，农村资金外流、农村金融发展滞后等问题比较突出，严重影响了农村经济繁荣、农业产业结构调整和农民增收。

（一）农村金融服务体系分析

近年来，四川省农村金融服务体系日趋完善，政策性金融、商业性金融、合作金融、民间金融分工协作、相互补充，体现出了机构类型多元化、服务扩大化的特征，初步形成了基本符合农村经济发展水平的多层次金融服务体系。但从金融机构网点分布、机构类型等方面来看，农村金融服务的覆盖率和满足率总体较低。

1. 农村地区金融机构网点分布状况

截至 2010 年底，全省主要涉农银行业机构网点总数 10 035 个，其中：农业发展银行 111 个，农业银行 1 286 个，邮政储蓄银行 2 958 个，农村合作金融机构（含农村商业银行、农村合作银行、农村信用社）5 635 个，新型农村金融机构（含村镇银行、贷款公司、农村资金互助社）45 个。农业发展银行四川省分行各项存款 133.04 亿元，各项贷款 742.21 亿元；农业银行四川省分行各项存款 4 813.75 亿元，各项贷款 2 667.79 亿元；邮政储蓄银行四川省分行各项存款 2 009.78 亿元，各项贷款 228.24 亿元；农村合作金融机构（含农村商业银行、农村合作银行、农村信用社）各项存款 4 214.69 亿元，各项贷款 2 802.8 亿元；27 家新型农村金融机构各项存款 69.1 亿元，各项贷款 53.01

亿元。①

但是，从国家公布的统计数据看，全省 2009 年底仍有 982 个金融基础服务空白乡镇，占全国的 43.6%，其中三州地区 746 个，占 75% 以上，民族地区和边远地区农村金融基本服务缺失问题比较严重。总体来看，全省农村金融网点分布极不均衡，满足率还较低。

2. 农村地区金融服务状况

一是四川省农村金融首先把春耕备耕、粮食生产、"菜篮子"工程、新农村示范片建设、家电下乡、农机购置、农村科技创新、灾后重建、节能减排作为重点支持领域。截至 2010 年末，全省银行业机构涉农贷款余额5 786.94亿元，其中农户贷款余额 1 236.0 亿元；农村企业及各类组织贷款余额3 481.84亿元；城市企业及各类组织发放涉农贷款 1 069.0 亿元。全省农村信用社涉农贷款余额 2 192.39 亿元；全年累计发放春耕支农贷款 84.17 亿元，其中抗旱救灾贷款 7.10 亿元；全年全省农村信用社累计发放农户贷款 849.54 亿元，年末农户贷款余额 1 138.75 亿元；建立农户经济档案 1 236.76 万户，建档面 63.07%，农户贷款面 58.66%。②

二是以支持灾后农房重建和农村产业恢复重建为重点加快恢复提高灾区农业综合生产能力。全省银行业机构累计发放灾后重建贷款 3 935.46 亿元，2010 年新增 725.95 亿元，其中基础设施贷款 156.58 亿元，公共服务贷款 17.85 亿元，城镇建设贷款 99.15 亿元，产业重建贷款 151.43 亿元，发放下岗再就业贷款 85 户共计 955 万元，向 1.77 万户小企业投放贷款 130.71 亿元。截至 2010 年末，全省银行业机构累计向 72.07 万农户发放住房重建贷款 166.03 亿元，其中累计向 6.72 万户困难农户发放农房重建担保贷款 16.04 亿元；2010 年新增农房重建贷款投放 6.09 万户共计 15.54 亿元，其中新增困难农户农房重建担保贷款9 610户共计 1.9 亿元。

三是继续支持藏区牧民定居行动计划和彝区"三房"改造工程。截至 2010 年末，甘孜州、阿坝州和凉山州木里县农村信用社已累计发放藏族聚居区牧民定居贷款 3.67 万户共计 7.64 亿元，凉山州银行业机构累计发放彝族聚居区"三房"改造贷款 1.38 万户共计 1.74 亿元，其中 2010 年新增牧民定居贷款 2.45 万户共计 5.18 亿元，新增彝族聚居区"三房"改造贷款 5 908 户共计 8 542 万元。

---

① 资料来源：2011 年《四川农村统计年鉴》。
② 资料来源：2011 年《四川农村统计年鉴》。

四是改善基础金融服务。四川省下发了推进解决金融机构空白乡镇基本金融服务工作的实施意见，并督促有关银行业机构制定了具体措施和规划，另起草了《四川省金融机构空白乡镇金融便民服务实施办法》，同时积极争取和落实对边远地区新设农村金融机构的费用补贴政策。2010 年末，全省金融机构空白乡镇 957 个，较年初减少 25 个，其中农村信用社在银行金融机构空白乡镇新设银行网点 20 个，邮储银行新设网点 2 个。

五是积极支持农业产业化龙头企业发展。2010 年涉农机构重点支持产品有市场、竞争能力强、辐射带动面广的产业化龙头企业，支持国家级、省级产业化龙头企业进行基地建设、原料收购、产品加工、技术改造、发展生产。据不完全统计，累计向龙头企业发放贷款 231.41 亿元，年末贷款余额 292.38 亿元。其中农行全年对近 400 户农业产业化客户贷款余额 170.6 亿元。农发行全年累计发放农业产业化龙头和加工企业贷款 57.6 亿元，年末贷款余额 85.08 亿元。全省农村信用社全年累计向 579 户龙头企业发放贷款 47.81 亿元，龙头企业贷款余额 36.7 亿元。

六是积极支持农业产业基地建设和农民专业合作社的发展。2010 年涉农银行业机构累计向 334 个农业产业化基地发放贷款 8.08 亿元，向 65 个现代农业园区发放贷款 2.06 亿元，支持建成标准化、规模化、集约化农业产业化基地 11.65 万亩；支持农民专合组织和专业大户发展。农村信用社对企业法人型农民专业合作社采取直接给予信贷支持的方式，对于组织松散型的专业协会，支持协会内的专业大户扩大生产经营规模。2010 年累计向 319 个农民专业合作社发放贷款 6.78 亿元，向合作社或协会的 8.54 万名专业大户发放贷款 12.27 亿元。

从涉农贷款统计制度建立以来的数据显示，四川省 2008—2010 年期间涉农贷款余额快速增长，年均增幅均在 30% 以上，高出全省各类贷款平均增速 8.52 个百分点。但是，由于农村经济的相对弱质性，农村金融市场客观上还是一个风险相对较高的市场，反映在资产质量上，农村金融机构不良贷款率相对来说较高。

（二）农村金融信贷规模及行为分析

1. 涉农贷款额快速增加，但贷款比重呈下降趋势

针对 2000—2010 年期间金融机构农村信贷情况的分析（见表 7 - 5），可以总结出金融机构农村信贷投入行为的基本特征。

表 7 - 5   2000—2010 年金融机构信贷资金一览表   单位：亿元

年份	各项贷款总额	农业贷款	农业贷款所占百分比	农业信贷投入增长率
2000	4 053. 46	310. 77	7.67%	—
2001	4 498. 55	356. 90	7.93%	14. 84%
2002	5 158. 76	412. 79	8.00%	15. 66%
2003	5 910. 59	471. 65	7.98%	14. 26%
2004	6 475. 92	509. 54	7.87%	8. 03%
2005	6 743. 00	613. 01	9.09%	20. 31%
2006	7 833. 32	575. 39	7.35%	- 6. 14%
2007	9 200. 93	629. 99	6.85%	9. 49%
2008	11 163. 39	731. 82	6.56%	16. 16%
2009	15 680. 33	874. 52	5.58%	19. 50%
2010	19 129. 79			

注：表中"各项贷款总额"和"农业贷款"数据来源于 2001—2011 年的《四川统计年鉴》中的"金融机构信贷资金平衡表（资金运用）"。

从表 7 - 5 可以看出：

（1）农业信贷投入规模不断增加。2000—2010 年期间，四川农村信贷投入规模不断增加，由 2000 年的 310. 77 亿元增长到 2009 年的 874. 52 亿元，净增长了 1. 81 倍。

（2）农村信贷投入比重呈下降趋势。其中，2000—2004 年农业贷款所占百分比在 7% ~ 8% 之间波动；2005—2009 年由 9. 09% 降至 5. 58%，降幅近 40%。

（3）农业信贷投入增长率波动较大。2000—2010 年期间，最高年份 2005 年为 20. 31%；最低年份 2006 年为 - 6. 14%，其次是 2004 年为 8. 03% ，2007 年为 9. 49%。出现这种大幅度波动的主要原因是金融机构的商业行为和政府的政策导向作用。2004 年四川开始试点新农村建设，财政支农资金为 97. 75 亿元，所以 2004 年的农业贷款增幅比例减少 6 个多百分点（2003 年的 14. 26% 减去 2004 年的 8. 03%）。之后，国家为解决新农村建设资金压力，出台了涉农贷款增量奖励、定向费用补贴、农业保险保费补贴等一系列优惠政策，银行、保险、担保等机构大力拓展农村市场，发展农村业务，致使 2005 年农业贷款增幅比例超过 12 个百分点（2005 年的 20.31% 减去 2004 年的 8.03%）。但由于不良贷款占的比例高、净利润率较低，致使金融业仍然不愿过多地向农业放贷，导致 2006 年农业贷款增幅比例降低了 26 个多百分点（2006 年的 -6.14% 减去 2005 年的 20.31%）。

2. 贷款种类多样化，但农户贷款门槛依然较高

目前，农户贷款种类有农户小额信用贷款，农户小额联保贷款，农户联保贷款《一证通》贷款，农民种养殖业贷款，农户建房贷款，农户购农机设备贷款，农民工返乡、助学贷款，消费贷款等十多种。但农户贷款门槛依然较高。造成农户贷款难的问题比较复杂，存在诸多方面的因素，概括起来主要有：

（1）农户贷款贷前调查不易、贷款金额小、居住分散、清收成本高。大部分农户的信用意识淡薄，法制观念不强，缺乏对信贷资金还本付息的主动性，而信贷部门收贷时又不便于起诉或采取强硬措施。另外，农业是投资大、周期长、收益小的行业，对农户贷款几乎没有什么盈利，从经营角度讲，农村金融部门对这种低效农业不愿意给予贷款，这在客观上制约了对农户贷款的发放。还有地方相关政策的不配套，缺乏长远眼光和对市场的准确把握，以及不适当的行政干预，都影响到农业信贷功能和作用的有效发挥，削弱了其支农的力度。

（2）农户贷款主要由农村信用社发放，而信用社由于多年积累下来的各种矛盾和大气候的影响，经营中遇到很大困难，不良信贷资产所占比重高，资金实力普遍不足，制约了对农业生产和农户所需的信贷投入。尽管近几年中国人民银行对信用社支农再贷款力度加大，从资金总体看有所松动，但仍有不少信用社存在资金紧张问题。不少县市信用联社经常动用存款准备金，还有的县市为保付而不得不使用人民银行紧急贷款。信用社资金不足表现为：一是信贷资产质量不佳，酿成了流动性陷阱，大多数信用社不良信贷资产占比达 80% 以上，大量不良信贷资产造成信用社支农能力下降；二是一些信用社亏损过大，占用了大量资金，造成了信用社支付困难，亏损的压力既削弱了信用社支农能力，又加剧了其支付矛盾，形成了沉重的包袱。

3. 农村金融支农能力不断增强，但发展结构失衡，主要机构实力不强

近年来，农村金融机构信贷投放的力度加大，存贷比显著提高，支农服务项目从传统的种养业扩展到现代农业，从单一的信贷已扩充到保险担保等多种业务，支农能力不断增强。但发展结构不平衡、机构实力较弱的问题仍然存在。

（1）发展结构失衡。从农村金融机构看，"十一五"期间，全省各级农村信用社提供了89%的农业贷款、98%的农户贷款，是绝对的"支农"主力军；在承办四川省农业保险的三家保险机构中（人保财险、中华联保、法国安盟），人保公司的业务量占到全省的96%左右，市场竞争不充分，发展结构严重失衡。从农村金融业务看，主要是农村信贷业务、保险、担保业务的占比总体偏低。机构发展和业务的失衡，带来的是风险集中，一旦出现经营支付风险，容易引发系统性的金融风险，并转化为财政风险，让政府成为最终的买单者。

（2）主要机构实力较弱。在涉农金融机构中，占据四川省绝对地位的是农村信用社。截至2010年6月末，全省农村信用社历年亏损挂账余额在全国排名第二，全省159家县联社中，资本充足率不达标的机构140家，占比88%；贷款损失准备充足率不达标的机构90家，占比57%；监管评级为六级的高风险县级机构36个。农村中小金融机构整体实力较弱，制约了农村金融业务的进一步拓展。

4. 农村金融创新取得较大进展，但发展缓慢，支农力度还不足

近年来，农村金融产品创新和组织创新取得较大进展，一些深受农户欢迎的信贷产品相继推出，农业保险制度不断完善，农村有效担保物范围不断扩大，一批新型农村金融机构逐步发展壮大。但与"三农"的实际需要相比，农村金融创新发展仍显缓慢，支农力度还不足。

（1）现有金融创新产品惠及面较小。中国农业银行推出的"惠农卡"、邮政储蓄银行推出的"好借好还"等金融创新产品，具有灵活方便等特性，解决了部分农民生产和创业的资金需求。由于这种小额信贷管理费用高、业务额度小、盈利能力弱、潜在风险大、产品运作非常谨慎，使政策惠及面较小。四川省现有农业保险品种仅有水稻、玉米、油菜、马铃薯、生猪等主要种养殖品种，烟叶、水果、蔬菜等特色农业保险才刚刚起步，尚不能满足广大农户的保险需求。同时，受农户的保险意识和财力水平制约，农业保险的覆盖面还较低，现有的种植业保险品种总体参保率约50%，育肥猪参保率不足30%，农业保险的风险保障作用还未充分发挥。

（2）新型农村金融机构发展相对缓慢。为解决农村地区金融机构网点少、服务不足、竞争不充分等问题，2006年末，银监会调整放宽农村地区银行业金融机构准入政策。但受市场准入条件、机制、政策等多方面限制，新型农村金融机构发展比较缓慢。截至2010年末，全省已正式开业的新型农村金融机构仅有27家，其中，村镇银行24家、农村资金互助社1家（特指银监会批准

设立的)、贷款公司 2 家,还远不能满足农业、农村经济发展的需要。

综上所述,导致农村金融发展滞后、支农力度不强的原因是多方面的,包括农村经济发展的市场化程度较低,农村金融经营成本较高,风险大、收益低,农村金融产品和服务创新缓慢,缺乏必要的引导和支持政策等因素。

三、四川省工商联支农行为及现状分析

(一)基本情况

四川省工商联深入探索开发扶贫运行机制,快速推动了贫困地区新农村建设,引导了更多的民间资金进入扶贫领域,形成滚动扶贫,把输血变为造血,破解扶贫资金瓶颈。并通过不断创新农户参与项目机制,使农户真正成为项目实施的推动者、参与者,提高项目的成功率。建立完善资金投入、技术服务、诚信管理、市场风险防范等机制,确保开发扶贫项目建设取得实效。2010 年,四川省工商联按照国务院扶贫办、全国工商联《关于继续推进"村企共建扶贫工程"工作的通知》精神,与四川省扶贫办共同确定了 10 个省级"村企共建扶贫试点村",召开了 5 次工作座谈会、3 次培训会,并在试点的基础上,向全省各市、州、扩权县扶贫办、工商联下发了《关于联合开展"村企共建扶贫工程"活动的通知》。通知下发后,全省各市、州、县工商联积极作为,促进了全省扶贫和新农村工作的开展。自 2004 年始,全国工商联将分散经营的农户与千变万化的大市场紧密衔接,降低了经营风险,实现了产业发展、企业盈利、农民增收。帮扶项目已在重点帮扶乡镇仪陇县武棚乡的 13 个村实现了全覆盖,全年实现人均现金收入 6 000 元以上,较 2008 年的 3 015 元,增加近 3 000 元,较周边乡镇高出 800 ~ 1 000 元。全国工商联借资 190 万元,撬动国家公路建设补贴 330 万元和民间自筹资金 430 万元,新建通村公路 15.2 千米,解决了 6 个村 1 280 余户 5 200 人的出行和农产品外运的难题;助推该乡"三集中"建设,386 户集中居住点竣工并投入使用。

(二)民族地区农村扶贫工作

四川省是西部欠发达地区,藏族、彝族等少数民族人口众多,贫困面大。四川省工商联始终把帮助少数民族贫困地区扶贫开发作为重要工作。2010 年向甘孜州石渠县捐赠 200 万元修建村民活动室,为四川省藏族聚居区牧民定居工程做出了贡献,有力地促进了四川省少数民族贫困地区农村社会、经济事业的发展。

(三)招商引资工作

从 2004 年起,四川省工商联积极配合全国工商联在四川省仪陇县、巴中

市的扶贫帮扶工作，多次组织民营企业家到两地考察和投资。2010 年 5 月，在四川省工商联的积极协调下，全国政协副主席、全国工商联主席黄孟复率近 40 名民营企业家到四川省巴中市进行扶贫考察。全国工商联向巴中市和南江县捐赠了扶贫和灾后重建资金 2 000 万元，签订了 7 个投资项目，达成意向性投资额近 10 亿元；截至 2010 年底，全国工商联和四川省工商联为巴中市和仪陇县援助各类项目资金和物资达 5 000 多万元，实现了产业发展、企业盈利、农民增收，并为巴中、仪陇等地捐建了 47 所光彩小学，为推动四川省贫困地区农村社会经济发展，改善贫困地区人民生产、生活条件做出了积极的努力。坚持企业参与，项目产业帮扶、促农增收的长效机制逐步完善。积极促成农民专业协会与中味食品、必喜食品、斯康药业等龙头企业合作，发展原料产业，建立三大产业基地 4 500 余亩；引进星辉农业科技园落户武棚，签订长期合作协议；建立就近用工制度，在政府引导下，通过流转土地 3 000 余亩，解决了近 200 人就地务工，农户除拥有土地流转收益还可以享受家门口就业，全乡仅此一项年实现劳务收入 800 余万元。

在 2010 年 10 月的仪陇考察座谈会上，企业家们积极注资支持全国工商联设立的"西部光彩帮扶基金"。日照钢铁集团、大连万达集团、苏宁电器集团各捐资 1 500 万元，浙江人民电器集团、四川明宇集团各捐资 100 万元。汉能控股集团表示对今后仪陇县考入北京大专院校的贫困学生，将解决其大学四年的生活费；江苏黄埔集团为仪陇 23 所光彩学校捐赠配套教学电脑 1 000 多台及农用碎草机一批；广西北海喷施宝责任有限公司捐赠价值 500 万元的农用喷施宝叶面肥。自 2008 年以来，根据仪陇上报的《项目申请书》，共投入生产性滚动帮扶资金 11 257 000 元。截至 2010 年底，帮扶项目累计借出帮扶资金 1 463 笔共计 1 393 万元，累计回收 968 笔共计 859 万元，受帮扶群众近 2 000 多户，836 人不同程度在项目实施中受益。

（四）规范协会与农户间的利益分配机制

将协会经营收益按比例分为会员分红、风险防范基金、协会正常开支，并及时予以兑现；建立统购统销的惠民机制，通过集体的形式参与市场，增加农户收益。2010 年，仪陇县武棚乡已建立村级产业协会 12 个，拥有会员 1 366 户，占全乡总户数的 40%，产业发展基本形成"一主"（生猪产业为主）、"三基地"（果蔬、药材及特色种养基地）的农业产业发展格局，多种资源的整合效益促进了仪陇县的快速发展。

（五）亟待解决的问题

综前所述，可以看出四川省工商联在支农方面取得了一些可喜成绩，但还存在以下亟待解决的问题：帮扶面不大；帮扶资金的管理机制还不够完善；帮扶资金的投向和投量不够科学；农户和协会之间还缺乏科学的利益分配机制等。

因此，要真正使四川这个农业大省的农民脱贫脱困，还需要工商联继续加强招商引资力度，扩大帮扶面。为了对捐款企业家的每一笔善款负责、向贫困地区的老百姓负责，一方面，要不断健全完善帮扶资金的使用管理机制，组织专家按照市场经济规律和企业运作的方式谋划帮扶项目，科学合理地调整帮扶资金投向和投量，确保帮扶资金发挥最大效益。另一方面，为充分发挥工商联优势，激励协会能真心实意为基层办实事、办好事，要进一步规范完善协会与农户间的利益分配机制。

四、四川省农户收入消费现状及投融资行为分析

（一）农户收入与消费现状分析

1. 基本情况

在工资水平提高和外出务工人员增加、农林牧渔业生产获得较好收成与农产品价格逐月走高，以及国家惠农扶农资金投入较大幅度提高的共同作用下，2010 年四川省农村经济爬坡上坎、高位运行，农民人均纯收入首次突破 5 000 元大关，达到 5 140 元，扣除物价因素实际增长 11.7%，比全国平均水平高 0.8 个百分点，比"十一五"目标高出了 1 389 元，在全国各省、区、市中排第 21 位。

2. 农民增收主要特点

农民增收主要特点为：①农民纯收入增长中，增速最快的仍是工资性收入，人均工资性收入 2 258.4 元，增加 437 元，增长 24%，对纯收入增长的贡献率达 64.5%。2010 年受金融危机、灾后重建影响，农民工掀起返乡热潮，这一现象在工资性收入增加上也得到充分体现。农民在本乡地域内劳动得到收入 736.8 元，增加 208.7 元，增长 39.5%，对工资性收入增长的贡献率达 47.8%，也是增速最快的部分。其中：农民在企业中劳动得到收入增长 37.4%，在国家投资基建项目得到收入增长 1.26 倍，提供其他劳务收入增长 36.7%；农民在非企业组织中得到劳动收入 175.7 元，增加 32.2 元，增长 22.4%，其中：乡村干部收入增长 20.5%，乡村教师收入增长 40.7%。外出从业收入人均 1 345.4 元，增加 199.6 元，增长 17.4%，其中：在乡外县内从业收入增长 35.1%，在县外省内从业收入增长 8.5%，在省外国内从业收入增长 14%，在国外从业收入增长 54.3%。②农民纯收入增长中，家庭经营纯收

入人均2 292.4元，增加219.6元，增长10.6%，对纯收入增长的贡献率达32.4%。农业（第一产业）纯收入1 883.2元，增加129.5元，增长7.4%，其中：种植业1 272.9元，增加88.8元，增长7.5%；林业纯收入42.1元，增加2.5元，增长6.2%；牧业纯收入504.9元，增加21.3元，增长4.4%；渔业纯收入63.3元，增加16.9元，增长36.5%。非农产业纯收入409.3元，增加90.1元，增长28.2%，其中：第二产业纯收入72.9元，增加23.2元，增长46.6%；第三产业纯收入336.3元，增加66.9元，增长24.8%。在第二产业中，工业增长15%，建筑业增长62.1%；在第三产业中，交通运输邮电业增长60.8%，批零贸易饮食业增长15.6%，社会服务业增长9%，文教卫生业增长56.8%。③2010年四川农民人均财产性纯收入146.5元，增加51.7元，增长54.6%，对纯收入增长的贡献率达7.6%。农民财产性纯收入增长呈现"六增三减"特征：六增为利息增加17.3元，增长2.18倍；集体分配股息和红利增加4.8元，增长97.5%；租金（包括农业机械）增加4.7元，增长13.7%；储蓄保险性投资收入增加1元，增长6.97倍；土地征用补偿收入增加18.3元，增长86.7%；转让承包土地经营权收入增加5.3元，增长40.3%。三减为其他股息和红利减0.57元，减少36.6%；出让无形资产净收入100%减少；其他投资收益减0.63元，减少75%。④转移性纯收入不增反降。农民纯收入增长中，转移性纯收入人均442.2元，与上年比减少30.9元，下降6.5%，由于负增长的影响，其对纯收入的贡献率变为-4.6%。其主要原因是灾后重建三年期已满，各种优惠政策的享用已趋于饱和状态，在特殊因素消亡时，转移性收入出现下降是正常的。2010年农民得到的救济金人均减少0.52元，下降10.3%；灾款人均减少125.2元，下降80.9%；无偿扶贫或扶持款人均减少2.07元，下降17.2%；购置和更新大型农机具补贴收入人均减少0.55元，下降27.2%。在转移性收入中，仍有常规11项保持异幅增长，家庭非常住人口带回增长15%，城市亲友赠送增长22.9%，离退休金和养老金增长52.1%，城市、农村亲友支付赡养费分别增长83.9%和66.7%，抚恤金增长72.3%，报销医疗费增长60.2%，退税增长19.6%，退耕还林还草补贴增长32.5%，得到赔款增长46%，其他增长18.7%（主要是粮食直补增长32.5%）。

分市州看，2010年全省21个市州农民人均纯收入增加额均在500元以上；除广元、南充、达州、巴中、甘孜、阿坝、凉山7个市州增加额低于全省平均水平外，其余14个市州均高于全省平均水平。增速最快的为甘孜州（23.1%），比全省平均增速快8.0个百分点；增速最慢的是乐山市（14.7%），比全省平均增速慢0.4个百分点。人均纯收入最高的为成都市

（8 205元），最低的为甘孜州（2 743.8 元），甘孜州与成都市的差距由上年的
4 900元/人扩大到5 461.3 元/人，扩大了561.3 元/人。

3. 农民生活消费特点

2010 年，农民生活消费与纯收入实现了同步增长，农民生活人均消费支
出为3 896.7 元，比2009 年增加405.3 元，增长11.6%，比纯收入增速仅慢
3.6 个百分点。农民生活消费的"食、衣、住、用、行、文、医、其他"八大
类消费犹如八仙过海，各显神通，实现全面攀升与增长。一是食品消费支出人
均1 880.31 元，增加139.73 元，增长8.0%；二是衣着消费支出人均226.63
元，增加29.56 元，增长15%；三是居住消费支出625.28 元，增加86.57 元，
增长16.1%；四是家庭设备用品消费支出239.48 元，增加19.85 元，增长
9.0%；五是"行"的支出（交通通信）人均360.7 元，增加36.65 元，增长
11.35；六是文化教育、娱乐消费支出人均218.62 元，增加11.95 元，增长
5.8%；七是医疗保健支出人均276.06 元，增加17.93 元，增长6.9%；八是
其他商品和服务消费支出人均69.59 元，增加13.04 元，增长23.1%。农民消
费全面增长，主要特征如下：

（1）恩格尔系数下降。2010 年，四川省农民恩格尔系数下降到48.25%，
同比下降1.6 个百分点；农民食品消费支出1 880.3 元，同比增长8.0%；食
品商品性消费支出1 597.7 元，增长7.9%；作为主食的谷物消费人均312.1
元，增长13.2%；食用油增长5.3%、蔬菜及制品增长12.5%、肉禽蛋奶及制
品增长4.5%、水产品及制品增长2%、烟酒增长14.5%、茶叶饮料增长
28.1%；食品消费服务性支出282.6 元，增加22.4 元，增长8.6%，其中在外
饮食增长7.9%，食品加工费增长33.1%。恩格尔系数下降反映出农民生活质
量进一步提高。

（2）衣着更趋商品成衣化。2010 年，农民衣着消费的一个显著特点就是
服装材料及其衣着加工费相应减少，农民衣着更加商品化、成衣化。衣着消费
品人均支出225.9 元，增加21.7 元，增长15%；服装支出增加21.7 元，增长
16%；鞋类增长13.5%；其他增长15.8%；服装材料下降6.6%；衣着服务性
支出仅增长1.5%；其他服务性支出增长16.3%；衣着加工费下降9.6%。

（3）农民居住环境改善。2010 年，随着四川新农村建设扎实推进和农村
小城镇建设步伐加快，四川农村居民的居住质量和居住环境进一步改善。据调
查，四川农村居民家庭人均拥有住房面积和居住住房面积与上年持平；楼房面
积占总居住面积的比重为55.8%，比上年提高了3.5 个百分点；钢筋混凝土结
构住房面积占总居住面积的比重为40.2%，比上年提高了3.1 个百分点；饮用

自来水、深井水等清洁水源的农户占 64.0%，比上年下降了 0.2 个百分点；使用水冲式厕所的农户占 16.6%，提高了 0.8 个百分点；炊事活动使用沼气、液化气、电、太阳能等清洁能源的农户占 34.6%，提高了 3.2 个百分点；使用空调取暖的农户占 3.9%，提高了 0.8 个百分点；住宅外道路为水泥或柏油路面的农户占 38.3%，提高了 4.1 个百分点。

（4）生活用品消费平稳增长。全年农民人均家庭设备、用品消费支出 239.48 元，增加 19.85 元，增长 9.0%。一是家庭设备支出增加 19.31 元，增长 9.1%，其中：日用品增长 14.1%，床上用品增长 2.1%，家具类增长 6.6%，机电设备增长 11%；二是家庭设备服务性消费支出增加 0.54 元，增长 8.1%，其中：家庭设备修理费增长 8.0%，日杂用品加工修理费增长 18.9%，家政服务费增长 1.75 倍。2010 年末，农村居民家庭每百户拥有自行车 40.15 辆、黑白电视机 10.75 台、固定电话机 59.18 部、洗衣机 65.75 台、家用电冰箱 49.38 台、摩托车 37.88 辆、彩色电视机 102.95 台、移动电话 128.93 部。

（5）农民外出费用的增长。随着农民工外出打工增加，对外交往的扩大，四川农民"行"的消费支出亦在增加。2010 年四川农民用于"行"（交通和通信）的支出人均 360.7 元，比上年增加 36.7 元，增长 11.3%。其中：交通通信用品支出 183.9 元，增加 33.2 元，增长 22%；交通通信服务消费支出人均 176.9 元，增加 3.5 元，增长 2%。交通服务和通信服务前者持平后者略增，通信服务增长 3.5%。一年中农民交通客运费人均 59 元，增长 2.6%；交通工具修理费增长 20.5%。

（6）医疗保健支出平稳增长。2010 年四川省农民医疗保健消费平稳增长，全年农民用于医疗保健的支出人均 276.1 元，增加 17.9 元，增长 6.9%。其中：医疗保健用品支出人均 118.7 元，增加 6.7 元，增长 6%；医疗保健服务消费支出人均 157.4 元，增加 11.2 元，增长 7.7%。

（7）文教娱乐消费支出增长 5.8%，农民八大类消费中用于智力投资的文教娱乐消费进一步提高。全年农民人均文教娱乐消费 218.6 元，增加 12 元，增长 5.8%。从构成看，人均消费文教娱乐用品 65.3 元，增加 8.8 元，增长 15.6%，其中：文教娱乐机电用品支出增长 20.4%，纸张文具增长 12.5%，计算机零配件及耗材增长 1.59 倍，鲜花和娱乐用品分别增长 39% 和 30.9%。服务性消费一减一增，人均教育服务支出 131.2 元，减少 2.8 元，下降 2.1%，主要是因学杂费支出减少 12.3 元，下降 12.6% 所致；文化体育娱乐服务支出增加 5.9 元增长 36.5%，其中：旅游支出增长 40.4%，休闲娱乐费增长 48.7%，其他服务性支出增长 29.7%。

（8）其他商品和服务消费支出大幅度增长。2010年，四川省农民其他商品和服务支出大幅度增加，人均69.6元，增加13元，增长23.1%。其他商品支出人均34.5元，增加5.6元，增长19.3%，其中：首饰增长41.2%、化妆品增长4.6%、迷信宗教用品增长14.8%、其他增长19.5%。其他消费服务支出人均35.1元，增加7.5元，增长27%，其中：旅馆住宿费增长4.9%、美容美发增长68.3%、生活消费借贷利息增长51.2%。生活消费货币支出亦实现八大类全面增长。农民人均生活消费现金支出3 121.7元，比2009年增加337.2元，增长12.1%，其中：食品支出1 122.7元，增长12.5%；衣着支出226.6元，增长15.1%；居住支出608.4元，增长15.7%；家庭设备用品及服务239元，增长9.5%；医疗保健276.1元，增长6.9%；交通和通信360.7元，增长11.3%；教育文化与娱乐服务218.6元，增长5.8%；其他商品和服务69.6元，增长23.1%。

4. 存在问题

（1）农民低收入群体收入绝对水平低，与中高收入户差距大。2010年，低收入户组农民人均纯收入比中高收入户组农民少4 154.3元，只有中高收入户组农民纯收入的34.9%；比高收入户组农民少8 490元，只有高收户组农民纯收入的20.8%。中低收入户组农民人均纯收入比中高收入户组农民少2 826.7元，只有中高收入户组农民的55.7%；比高收入户组少7 162.4元，只有高收户组农民纯收入的33.2%。

（2）低收入群体收入单一，农业收入比重大，非农收入比重小。农民低收入户组人均第一产业纯收入1 026.7元，占纯收入比重的46.0%；中低收入户组人均1 483.3元，占41.7%；中等收入户组人均1 804.2元，占37.6%；中高收入组人均2 208.2元，占34.6%；高收入户组人均3 454.7元，占32.2%。低收入户组比高收入户组高13.8个百分点，中低收入户组比高收入户组高9.5个百分点。农业收入比重高，说明低收入户组农民收入来源单一，非农收入比重小；生活水平总体偏低，仍处温饱阶段，生活困难。2010年，四川省低收入户农民生活消费的恩格尔系数（食品支出占生活消费支出的比重）为56.2%，比全省平均水平高8个百分点；中低收入户农民生活消费的恩格尔系数为53.3%，比全省平均水平高5.1个百分点。按国际公认标准（恩格尔系数在50%~60%，属于温饱阶段），目前四川省中低收入户群体农民生活水平仍处于解决温饱问题阶段，发展型消费和享受型消费极少，生活非常困难。2010年，四川省农民生活消费恩格尔系数为48.3%，按收入五等分分组：低收入户恩格尔系数为56.2%，中低收入户53.3%，中等收入户为

52.4%，中高收入户为 46%，高收入户为 39.7%。

（二）四川农户投融资行为分析

1. 农户投融资行为的特征

农户投融资行为指其融入资金和融出资金。融入资金指农户资金来源；融出资金是指农户以获取收益或保证资金安全为目的的资金运用，包括农户将其所获得的收入以储蓄形式存入金融机构，或者通过一定方式借给其他组织或个人使用，或者是进行以获取收益或控制权为目的的投资。

农户是市场经济中的一个理性主体，其投资行为取决于投资项目收益和成本的大小。农户资金在生产和生活上的分配：农户首先是由家庭成员组成的生活资料的消费团体，其消费行为是追求一定预算约束的消费效用最大化；同时，农户又是一个生产者，其生产行为是为了追求生产利润的最大化。因此，农户资金存在一个在生活消费和生产投资之间均衡或最优化分配的问题。农户资金是投资于农业还是非农业也存在一个收益的比较。如果在技术上的可能性、生产所需的自然条件、最小投资规模等没有对农户投资造成障碍，那么农业与非农业投资收益的相对水平决定农户资金在农业与非农业之间的分配。理性的农户应当是在技术等条件允许的情况下，寻求农户资金在农业和非农业投资上的最大收益投资组合。

2. 四川农户资金来源及结构分析

农户资金来源包括自有资金和借入资金两部分。自有资金是依靠农户自身积累取得的资金，包括农户工资性收入、家庭经营收入与转移性收入等；借入资金指农户向其之外的其他经济主体（正规金融机构、非正规金融机构、个人）借入的资金。对应两种资金来源，农户的融资方式分为内源融资和外源融资。此处主要分析内源融资的构成，外源融资在前"农村金融信贷规模及行为分析"已介绍。

表 7-6　四川农村居民 2000—2010 年人均各项资金来源及结构情况表

单位：元

年份	全年纯收入	工资性收入	工资性收入比重	家庭经营收入	家庭经营收入比重	转移性收入	转移性收入比重	财产性收入	财产性收入比重
2000	1 903.60	597.16	31.37%	1 203.96	63.25%	82.52	4.33%	19.96	1.05%
2001	1 986.99	651.79	32.80%	1 231.99	62.00%	70.86	3.57%	32.35	1.63%
2002	2 107.64	711.38	33.75%	1 296.53	61.52%	77.39	3.67%	22.34	1.06%
2003	2 229.86	765.76	34.34%	1 347.09	60.41%	85.75	3.85%	31.26	1.40%

表7-6(续)

年份	全年纯收入	工资性收入	工资性收入比重	家庭经营收入	家庭经营收入比重	转移性收入	转移性收入比重	财产性收入	财产性收入比重
2004	2 580.28	872.53	33.82%	1 586.24	61.48%	94.47	3.66%	27.04	1.05%
2005	2 802.78	954.89	34.07%	1 681.63	60.00%	124.65	4.45%	41.59	1.48%
2006	3 002.38	1 219.51	40.62%	1 586.53	52.84%	143.50	4.78%	52.84	1.76%
2007	3 546.69	1 438.68	40.56%	1 863.31	52.54%	183.60	5.18%	61.10	1.72%
2008	4 121.00	1 620.00	39.31%	2 061.70	50.03%	367.74	8.92%	71.40	1.73%
2009	4 462.05	1 821.37	40.82%	2 072.88	46.46%	473.05	10.60%	94.80	2.12%
2010	5 140.00	2 258.40	43.94%	2 292.40	44.60%	442.20	8.60%	146.50	2.85%

注：表中数据来源于2007—2011年的《四川农村年鉴》。

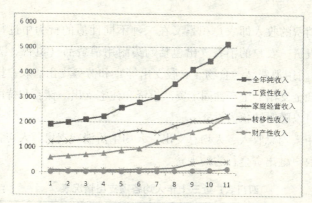

图7-4　2000—2010年四川农村居民人均各项资金来源趋势图

注：横坐标1~11为表7-6中自上而下的对应年份。

从表7-6和图7-4可以看出：四川农民的人均年纯收入额呈较快上升趋势。其构成纯收入的各项目中，工资性收入增长势头较强，财产性收入增长较缓慢。

从图7-5可以看出：在人均纯收入中，家庭经营收入比重呈下降趋势，2006年以后其下降幅度较大；转移性收入和财产性收入2007年前所占比重变化不大，之后略呈上升趋势；而工资性收入占的比重呈明显上升趋势。这说明农民人均纯收入的增长主要是工资性收入的增加，同时，也说明农村的劳动力即人力资本正在不断流向城市。

3. 四川农户资金运用及结构分析

由于农户收入水平不高，农户收入中首先有相当部分用于生活消费以维持

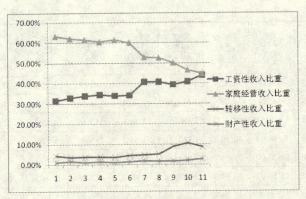

图7-5   2000—2010年四川农村居民人均各项收入比重趋势图

注：横坐标1~11为表7-6中自上而下的对应年份。

生计，超过消费的收入即农户积累又在三种不同性质的行为中进行选择：储蓄、持币和投资。农户的消费支出包括购买耐用消费品（电视、洗衣机等家庭设备）、非耐用消费品（食物、衣服支出等）和劳务支出。农户投资主要包括家庭经营现金支出、生产性固定资产投资和住宅支出。储蓄和持币具有相当的灵活性，可以随时转化为投资。

下面利用人均总收入、人均总支出、人均生活消费支出、人均农业生产投资等来分析农户融出资金行为的现状。

表7-7　　　　　　　　四川农户近三十年人均各项支出情况表　　　　　单位：元

年份	总收入	总支出	生活消费支出	农业生产投资	其他投资	年内人均手存现金额	年内人均存款额
1962	138.50	130.20	109.00	17.40	3.80	—	—
1965	121.67	116.45	95.65	15.20	5.60	-0.2	0.3
1978	154.10	149.25	120.30	26.50	2.45	1	0.4
1980	224.30	202.44	159.50	35.65	7.29	3.34	2.55
1985	460.24	421.51	276.25	125.06	20.20	22.81	9.85
1986	499.76	475.03	310.92	141.04	23.07	9.66	5.51
1987	552.99	535.75	348.32	159.96	27.47	13.05	9.29
1988	680.75	661.94	426.47	204.41	31.06	18.99	5.22

表7-7(续)

年份	总收入	总支出	生活消费支出	农业生产投资	其他投资	年内人均手存现金额	年内人均存款额
1989	760.90	748.28	473.59	233.13	41.56	6.17	8.35
1990	846.69	801.75	509.16	248.36	44.23	18.92	10.3
1991	915.75	884.06	552.39	281.58	50.09	−20.04	−5.43
1992	974.98	921.33	569.46	298.93	52.94	25.56	13.11
1993	1 094.32	1 049.79	647.43	328.82	73.54	61.5	19.93
1994	1 518.65	1 496.27	904.28	482.24	109.75	50.79	46.95
1995	1 864.92	1 796.40	1 061.15	599.75	135.50	38.58	56.85
1996	2 322.15	2 244.48	1 349.88	733.98	160.62	25.97	14.23
1997	2 636.08	2 381.13	1 440.48	794.53	146.12	117.9	67.79
1998	2 738.39	2 382.31	1 440.77	783.67	157.87	100.25	75.28
1999	2 696.94	2 258.34	1 426.06	688.59	143.69	110.69	64.67
2000	2 282.78	2 436.74	1 489.55	708.83	238.36	−121.53	22.36
2001	2 946.30	2 494.07	1 497.52	760.10	236.45	189.34	121.36
2002	3 107.49	2 653.33	1 591.35	811.54	250.44	146.85	170.51
2003	3 255.78	2 828.43	1 747.02	860.29	221.12	−139.41	186.32
2004	3 805.02	3 299.11	2 010.88	1 073.85	214.38	107.41	219.77
2005	4 158.19	3 742.75	2 274.17	1 255.73	212.85	−286.98	146.8
2006	4 342.82	3 882.55	2 395.04	1 244.73	242.78	133.47	358.83
2007	5 096.98	4 498.90	2 747.27	1 455.74	295.89	87.99	481.37
2008	5 903.28	5 154.82	3 127.94	1 686.48	340.40	130.03	567.45
2009	6 238.49	6 330.46	4 141.40	1 741.25	447.81	134.96	638.83
2010	6 982.82	6 166.36	3 897.53	1 776.67	492.16	297.51	747.47

注：表中相关数据来源于2011年的《四川农村年鉴》；其中农业生产投资为生产费用支出，其他投资＝总支出－生活消费支出－生产费用支出。

从表7-7和图7-6可以看出随着农户总收入的增长，农户消费、投资、储蓄均增长。在农户收入增加条件下，农户做出的选择是首先增加消费支出，

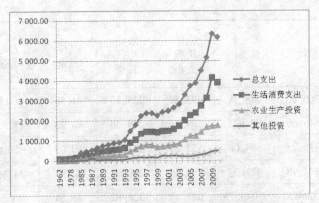

图7-6 四川农户近三十年人均各项支出曲线图

其次是投资，最后是储蓄。因此，从规模上看，消费＞投资＞储蓄。

表7-8　　　四川农户近三十年人均各项支出占总收入比例表　　单位：元

年份	总收入①	生活消费支出②	消费占收入比重③＝②/①	农业生产投资④	其他投资⑤	投资占收入比重⑥＝(④+⑤)/①	年内人均手存现金额⑦	年内人均存款额⑧	存蓄占收入比重⑨＝(⑦+⑧)/①
1962	138.50	109.00	78.70%	17.40	3.80	15.31%			
1965	121.67	95.65	78.61%	15.20	5.60	17.10%	−0.20	0.30	0.08%
1978	154.10	120.30	78.07%	26.50	2.45	18.79%	1.00	0.40	0.91%
1980	224.30	159.50	71.11%	35.65	7.29	19.14%	3.34	2.55	2.63%
1985	460.24	276.25	60.02%	125.06	20.20	31.56%	22.81	9.85	7.10%
1986	499.76	310.92	62.21%	141.04	23.07	32.84%	9.66	5.51	3.04%
1987	552.99	348.32	62.99%	159.96	27.47	33.89%	13.05	9.29	4.04%
1988	680.75	426.47	62.65%	204.41	31.06	34.59%	18.99	5.22	3.56%
1989	760.90	473.59	62.24%	233.13	41.56	36.10%	6.17	8.35	1.91%
1990	846.69	509.16	60.14%	248.36	44.23	34.56%	18.92	10.30	3.45%
1991	915.75	552.39	60.32%	281.58	50.09	36.22%	−20.04	−5.43	−2.78%
1992	974.98	569.46	58.41%	298.93	52.94	36.09%	25.56	13.11	3.97%
1993	1 094.32	647.43	59.16%	328.82	73.54	36.77%	61.50	19.93	7.44%
1994	1 518.65	904.28	59.54%	482.24	109.75	38.98%	50.79	46.95	6.44%
1995	1 864.92	1 061.15	56.90%	599.75	135.50	39.43%	38.58	56.85	5.12%
1996	2 322.15	1 349.88	58.13%	733.98	160.62	38.52%	25.97	14.23	1.73%
1997	2 636.08	1 440.48	54.64%	794.53	146.12	35.68%	117.90	67.79	7.04%
1998	2 738.39	1 440.77	52.61%	783.67	157.87	34.38%	100.25	75.28	6.41%
1999	2 696.94	1 426.06	52.88%	688.59	143.69	30.86%	110.69	64.67	6.50%

表7-8(续)

年份	总收入①	生活消费支出②	消费占收入比重③=②/①	农业生产投资④	其他投资⑤	投资占收入比重⑥=(④+⑤)/①	年内人均手存现金额⑦	年内人均存款额⑧	存蓄占收入比重⑨=(⑦+⑧)/①
2000	2 829.78	1 489.55	52.64%	708.83	238.36	33.47%	-121.53	22.36	-3.50%
2001	2 946.30	1 497.52	50.83%	760.10	236.45	33.82%	189.34	121.36	10.55%
2002	3 107.49	1 591.35	51.21%	811.54	250.44	34.17%	146.85	170.51	10.21%
2003	3 255.78	1 747.02	53.66%	860.29	221.12	33.22%	-139.41	186.32	1.44%
2004	3 805.02	2 010.88	52.85%	1 073.85	214.38	33.86%	107.41	219.77	8.60%
2005	4 158.19	2 274.17	54.69%	1 255.73	212.45	35.32%	-286.98	146.80	-3.37%
2006	4 342.82	2 395.04	55.15%	1 244.73	242.78	34.25%	133.47	358.83	11.34%
2007	5 096.98	2 747.27	53.90%	1 455.74	295.89	34.37%	87.99	481.37	11.17%
2008	5 903.28	3 127.94	52.99%	1 686.48	340.40	34.33%	130.03	567.45	11.82%
2009	6 238.49	4 141.40	66.38%	1 741.25	447.81	35.09%	134.96	638.83	12.40%
2010	6 982.82	3 897.53	55.82%	1 776.67	492.16	32.49%	297.51	747.47	14.97%

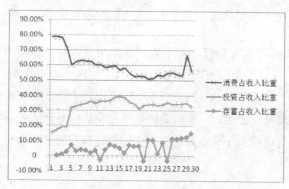

图7-7 四川农户近三十年人均各项支出比例曲线图

注:横坐标数字1~30为表7-8中自上而下的对应年份。

从表7-8和图7-7可以看出随着收入增加,2008年以前消费比例呈平稳下降趋势;投资比例较平稳,波动不大,据实地调研所知:农户的绝大部分投资只用于农业的一般生产,即农业生产费用,无农业创新和农业技术改进投资。2005年以前存蓄比例波动较大,2005年以后存蓄比例就呈平稳增长趋势,而农业生产费用则略有下降趋势。

目前,新农村建设资金主要有三种来源渠道:一是各级财政支农资金,包括中央财政与各级地方政府配套资金,这也是目前主要的资金来源。二是各类金融机构的信贷投入,包括政策性银行、商业性银行及农村合作金融组织。三是各类社会资本及农民自筹资金，这部分占比很低。据实地调研，四川新农村试点建设区，农户的自筹资金均未到位。出现这一现象的原因，主要是农户对新农村建设信心不足，持观望态度，宁愿把多余的钱存蓄起来，也不投资于新农村建设。

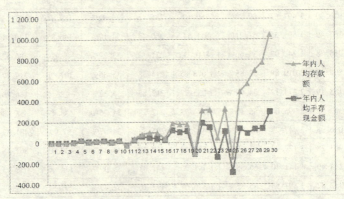

图7-8 四川农户近三十年人均存款额和手存现金额曲线图

注：横坐标数字1～30为表7-8中自上而下的对应年份。

从图7-8可以看出1992年以前农户基本是没有什么储蓄的，以后才逐渐增加；从2001年开始年内人均存款额逐渐高于年内人均手存额，从2006年起差距就越来越大，到2010年已经达到2.5倍，这说明农民收入增加后，有多余的闲钱，一般都存于银行。据对金融行业信贷去向分析，农村的储蓄资金大部分都被金融行业投放于非农业的生产、建设。这就形成了农村资金外流的严重现象。

五、农村企业投融资行为分析

目前，农村企业由于无有效抵押物、贷款成本高，加上信息不对称，所以很少向银行融资。另外，农村企业一般都达不到股票市场、债券市场准入的条件，更无法通过这种直接融资方式获得资金。因此，农业企业主要资金来源于亲戚朋友，这种资金源不稳定、金额不多，就给农村企业的经营和发展带来了很多隐患。

综上所述，新农村建设的投融资主体主要存在缺位和错位现象。没有建立起一套适合发挥各类投资主体积极性的投入机制，导致四川新农村建设投融资主体缺位。第一个"缺位"是政府财政对其投入力度的减小与其发展所需长期性、全局性投入保障之间出现的财政投资主体"缺位"；第二个"缺位"是金融机制改革导致的农村金融"黑洞"与农村各类经济主体正规金融渠道融资保障之间出现的信贷投资主体的"缺位";第三个"缺位"是乡村集体经济衰退、积累资金减少与区域性农村基本建设投入保障之间出现的集体投资主体"缺位";第四个"缺位"是农户在农业中所处的主体地位与农户经营性投入保障之间出现的农户投资主体"缺位";第五个"缺位"是农户在建设新村新居美好家园的主体地位与农户家园建设配套资金投入保障之间出现的农户投资"缺位"。

另外,还没有形成一个有效的利益调节机制,致使其投融资主体出现"错位"。一是政府投资主体与农户投资主体的"错位"。对农村发展中的教育、交通、通信和农业基础设施等公共物品的提供,政府应该成为投资主体。但实际情况是政府将有限的财政资金过多地投向新村新居美好家园建设中,而基本上没有较多财力提供发展农村教育和交通;对农户而言,他们的资金应该投向生产领域和辅助新村新居美好家园建设中,但农户资金主要投向了教育和交通等。由于农村教育落后,大多数农民只要有了一定的经济收入都是尽可能地把孩子送到较远的城市上学,有些农村家长甚至就在城市陪读,像这样农民的财力和人力都未用在农村经济的发展上。另外农村交通不便,经济条件较好的农户为出行方便,都购买了摩托车,农户在山路骑摩托车具有极大的安全隐患。二是财政主体与信贷主体的"错位"。投融资的政府干预和行政命令使财政与金融职能错位,银行成为"第二财政",极大降低了信贷资金的使用效率。三是中央政府与地方政府投资主体的"错位"。由于中央与地方的财权、事权关系模糊,地方政府特别是基层政府承担了许多应由中央政府承担的投资项目,形成了地方财政向中央财政"倒逼"的投资机制。四是投资主体内部行为出现偏差,出现了重短期投资、轻长期投资,重非农投资、轻农业投资,重非生产性投资、轻生产性投资的现象。

第二节 四川省新农村建设投融资渠道现状分析

一、目前四川省新农村建设投融资的主要渠道

调查发现,目前四川省新农村建设投融资主要来源渠道有:一是财政投入资金,主要用于新农村公共设施建设和居民居住环境优化建设;二是农民在一事一议的基础上,通过自治组织或"五老协会"组织农民自愿、自发地筹资;三是通过赞助及"化缘"形式筹集部分资金;四是申请上级补助资金,如帮

困扶贫或水利、交通、能源等专项补助资金；五是县财政以奖代补资金，包括少数公益性、经营类项目，引进民间资金投入等。

二、四川省新农村建设投融资渠道存在的问题

从投融资现状来看，农民人均纯收入还很低，在新农村建设中，无论是农村基础设施建设、村容村貌的整治，还是农业生产发展等，都需要大量的资金投入。而目前村级集体经济几乎全是"空壳"，没有资金用于新农村建设，而作为新农村建设主体的农民，很多基本上只是解决了吃饭问题，要拿出较多的资金用于改变生产生活条件是十分困难的。据调查，大多数农民一年的收入，绝大部分用于子女上学和防病、治病，而这两笔支出已占农民收入的60%以上。如果一个农民家中有一个子女在读大学，或有一个患病者，这样的家庭很可能是一个贫困户。建设资金的短缺，无法良性循环投入资金的问题成为严重制约着新农村建设发展的重要因素之一。

所以，新农村建设的资金来源目前还主要是财政的短期性投入，其建设过程中融资渠道狭窄。农村经济的多层次性要求农村融资渠道多元化，而目前新农村建设的资金来源主要是财政支农支出以及少量的金融机构贷款，农户自有资金，以及工商企业、资本市场、外商投入农业的资金非常少。

融资方式单一、投资方式不尽合理。财政投资方式基本上采取无偿拨款的方式，政府参股控股、资本金投入和担保、贴息等灵活多样的投资方式没有得到有效利用。储蓄——投资转化的金融渠道阻塞，银行存贷差拉大。

三、拓宽新农村建设投融资渠道的分析

要保证资金的长期良性循环投入，必须建立"政府投放为基础、农民自主投入为主体、社会资金共同参与为辅助、集体经济为支撑"的结构合理、管理规范的多元化长效机制。着力构建"政府补助、部门帮助、社会捐助、企业赞助、能人推助、金融贷助、群众自助"的多元化投入机制，积极拓宽新农村建设投融资渠道。通过深入调查、走访农户、召开座谈会等形式，笔者总结认为，作为镇、区、县政府可通过以下形式来拓宽新农村建设的融资渠道，增强农村发展的内在动力，实现上述多元化长效机制目标。

（1）向财政"挤资"。地方政府要本着"渠道不乱，用途不变，统筹安排，各负其责，各记其功"的原则，对各种财力资源进行重新整合，调整分配，压缩不必要的开支，做到"各炒一盘菜，同做一桌席"，不断增加新农村建设的资金，并将其更多地用于村镇的重点、难点项目上。据历年来新农村建

设资金投入情况分析，目前仅靠县本级财政预算安排的资金支持新农村建设只是杯水车薪，远远不够。因此，要积极发挥政府配套资金"药引子"的牵引作用，调整财政支出结构，压缩一般性行政支出，对存量资金进行盘活，增加对新农村建设的投入。

（2）向村民"筹资"，通过制定鼓励政策、激励措施等办法，采取参与式扶贫开发的方式，让群众直接参与规划制定，以及项目选择、实施和管理，调动农民参加新农村建设的积极性，实现变"要我干"为"我要干"，使农民自觉地在所能承受的范围内有力出力，有钱出钱，主动建设新农村。要使农民有力有钱，政府要采取"授之有鱼不如授之有渔"的方式，让农民成为发展农村经济、调整产业结构的主力军。在这方面，当前一是要善于发现和培训农村能人，制定重奖能人的政策，鼓励能人创业。二是要尽心解决创业者的实际困难，扶持能人创业。三是要充分发掘发挥传统技能优势，比如挖掘手艺人，各地要很好地予以发掘和开发，使这些传统技能得到改造和升华，开创出新的产业和事业。

（3）向能人"求资"。全县各村都要积极与村里或在外的能人联系，通过"树碑立传"、评选年度"十大善人"等方法鼓励他们为家乡建设出力建功。

（4）向银行"融资"。政府要加强同银行的联系，用足用活扶贫贴息贷款和扶贫到户小额贴息贷款政策，争取更多的金融资本"下乡"。

（5）向外部"引资"。新农村建设不仅要大力依靠农民，还必须争取社会各界力量支持。要从集聚社会力量、形成扶贫合力入手，狠抓国家、省、市、县级单位的对口帮扶工作，广泛开展帮扶活动。要加大招商力度，更多地引进内外资金"借鸡生蛋"，增加地方收入，按照"谁投资、谁受益"的原则，加大引资力度，吸引更多的资金投入到新农村建设当中。

（6）向创新"要资"。一是大胆革除农村红白喜事奢侈浪费的陋习，积极倡导文明健康的新方式，并把节约的资金吸引到新农村建设当中来，为新农村建设开辟更多财源。二是可以借鉴市政公用事业改革经验，对农村公共基础设施建设项目中具有较高营利水平，或投资回报率不高但收益稳定的项目降低进入门槛，鼓励民营资本的进入，或采取特许经营方式引入新的投资，破解新农村建设资金难题。

（7）向市场"盘资"。在目前政府公共财政投入有限的情况下，在政府的有序引导下，立足当地实际，巧妙运用市场手段盘活农村长期闲置的旧校舍、旧祠堂、山地、山塘水库等，通过召开村民大会或村民代表大会或在理事会的操作下，利用土地运作、发包等多种方式筹措新资，将其变现成为新农村建设的可用资金，这不失为破解新农村建设资金难题的一个有效手段。

第三节　四川省新农村建设投融资制度现状分析

一、现有新农村建设投融资制度滞后

政府投融资活动听命于政府的审批与安排，造成了投资决策的随意性很大，出现了长官意识、权利决策，从而出现"关系项目"、"条子项目"等现象。在这种情况下，农村投资决策的出现并非完全取决于项目的投资回报和预期收益，以及农村发展的迫切需要，而是可能在很大程度上受制于非经济因素的影响，如宣传能力、反复造访、寻找关系等。由于投资决策程序的不规范导致了投资决策权限与风险责任不对称。其投资决策权限往往被分割于不同的部门，在投资风险约束机制缺位的情况下，造成了投资决策权限与风险承担的不对称，这种不对称导致的投资总量和结构的失衡，或单个投资项目的投资决策失误，是无法追究投资决策主体责任的。

二、现有新农村建设投融资制度不健全

1. 农业规模化、产业化缺乏制度基础

四川是一个农业大省，人均土地面积少，而农村劳动力向城镇转移存在诸多制度约束，这种局面不利于农村劳动力转移、土地依法有序转让、形成规模经营和实现农业现代化。

2. 农村金融服务缺乏长期发展的制度基础

目前，四川省偏远的贫困村镇在近几年中还存在银行贷款几乎为"零"的现象，信用社贷款也非常少。造成这种现象的原因主要是农村金融服务的相关制度不健全。

3. 农村发展缺乏公共财政的制度性保证

目前，新农村建设公共产品与公共服务投入短缺。长期的投入不足，使得乡村公路、小型农田水利、通信设施等方面的建设普遍落后。农村公共卫生建设欠账多，新型农村合作医疗制度刚刚起步，支农资金严重分散。另外，免征农业税后，农民其他负担依然较为沉重。除了农业生产资料涨价过快以外，主要是教育、医疗负担重，农民"因病致贫"、"因学致贫"的问题比较突出。据调查，按每户两个学生计算，其教育费用支出占全部家庭总收入的50% ~80%。

三、完善新农村建设投融资相关制度分析

实现财政政策转型，建立健全公共财政体制，是新农村建设的必然要求。一是加大农村基础设施建设投入。对基础设施建设的投入重点由城市向农村转移，大力加强农村"六小工程"以及文化、卫生等公共设施建设。二是建立完善的农村教育投入机制。实施 9 年制免费义务教育和学生午餐补助，全部消灭农村中小学危房；另外，设立农民技术培训专项资金，大规模开展农村劳动力技能培训，通过民办公助等方式，对青壮年农民进行实用技术培训，培育有知识、懂技术、会经营的新型农民；同时，推进农业人口非农化进程。三是整合"三农"资金投入渠道。将目前分散的政府支农资金，按使用性质和方向进行调整。四是大力支持农业科研体制改革，增加农业科技及科研成果推广的投入。提高农业科技在国家科技投入中的比重，形成符合市场经济原则的农业科技投入和科技成果转化补贴机制。五是逐步完善粮食生产补偿机制。推进农业结构战略性调整，提高农业综合效益和竞争力。六是逐步加大公共财政对农村社会保障建设的投入。积极支持新型农村合作医疗制度和农村最低生活保障制度的建立，加大农村公共卫生投入，建立疾病防疫监控体系，防治农村地方病、传染病和人畜共患疾病的发生，加快解决农村改厕、改水、改灶问题，切实改善农民的生产生活条件。七是推行"省直管县"财政管理体制和"乡财县管乡用"方式，以有效增强县域经济活力，提高服务"三农"的能力。

第四节　四川省新农村建设投融资管理机制现状分析

一、四川省新农村建设投融资管理机制现状

目前，四川省新农村建设投融资管理机制不健全。在其资金管理上，资金的追踪、监管和反馈较差。一是农村资金"政出多门"的分散管理模式，不利于发挥农村投资规模效益，致使资金无法集中管理，无法进行统一、有效的利用。二是在执行农村资金使用过程中，往往是分资金、下指标、促到位，但资金的追踪、监管、反馈工作始终不能制度化、规范化，致使某些地方在局部利益、眼前利益的驱使下，经常挪用、挤占、截留农村资金，降低了实际到位资金的规模。

二、完善四川省新农村建设投融资管理机制分析

（1）建立资金使用管理考核机制。每年由县新农村建设办公室牵头，相关部门参加组成考核组，采取听汇报、实地查看、检查记录、查看账目等形式，对各乡镇（区）、包保部门单位、帮扶企业、示范村和提升村新农村建设情况进行考核。对综合考评优秀的示范村、提升村和优秀村干部，给予表彰奖励；对没有按计划完成任务的，取消示范村资格，在提升村中择优递进。对工作成效突出的重点责任部门和包保部门给予表彰奖励；对完不成任务、工作效果较差的包保部门给予通报批评。对新农村建设中工作突出、成效明显的乡镇党委、政府给予表彰奖励；对工作滞缓、推动不力的给予通报批评。

（2）采取有力措施，切实提高支农资金的使用效率。从农业和农村经济发展的角度看，增加资本的投入是必要的和紧迫的，但是，对农业和农村地区的投资绝不是简单的注入资金的过程。已有的对策措施往往过多地关注如何增加对农业和农村地区的资金投入，而忽视资金配置效率的提高。实际政策运行的结果往往是一边不断有资金的投入，另一边大量资金通过更多的渠道流失，还有许多资金沉淀在一些低效的项目上，而农村经济和农民生活水平却鲜有提高。因此，要采取切实措施提高投资效益，一方面保证财政投资真正起到惠农支农的效果，另一方面使财政资金出现对社会资金的示范效应，起到积极的引导作用。

（3）注重新农村建设的投入结构与优先次序。建设新农村是一个涉及农村经济社会发展的综合性的系统工程，既有发展农村经济的内容，又有发展农村社会事业的内容；既有农村综合改革的内容，又有农村精神文明建设的内容。因此，在新农村建设过程中，在有限的财力约束下，必须统筹兼顾，区分轻重缓急，有步骤、分阶段地进行。因此，从投入次序上看，要按照"生存→发展→提高"的次序，首先应着眼于解决农民的基本生存和发展需要。只有解决好基本的生存和发展问题，才能保障农村社会的基本稳定。这方面的支出主要有："六通、五改、两建设"和义务教育、公共卫生、贫困救助、社会保障，以及农田水利建设、防洪排涝工程、抗旱节水设施等。在此基础上，切实解决"提高"的问题，包括提高农民收入、提高农民的思想文化素质以及提高农村和农民的经济自我发展活力等问题。这方面的支出主要有：培育支柱产业，加强法制建设，推进合作经济组织、专业协会等农民自治组织的建设以及对农民的教育和培训等。

第八章　四川省新农村投融资长效机制发展对策

第一节　创建四川省新农村建设投融资长效机制的模式

一、长效机制的定义

理解长效机制，要从"长效"、"机制"两个关键词上来把握。长效是指能被较长期地执行下去，并且是有效的。机制是使制度能够正常运行并发挥预期功能的配套制度。它有两个基本条件：一是要有比较规范、稳定、配套的制度体系；二是要有推动制度正常运行的"动力源"，即要有出于自身利益而积极推动和监督制度运行的组织和个体。机制与制度之间有联系，也有区别，机制不等同于制度，制度只是机制的外在表现。

因此，长效机制是指能长期保证制度正常运行并发挥预期功能的制度体系。长效机制不是一劳永逸、一成不变的，它必须随着时间、条件的变化而不断丰富、发展和完善。

二、创建四川省新农村建设投融资长效机制的目标模式

党的十六届三中全会通过的《中共中央关于完善社会主义市场经济机制若干问题的决定》明确指出，投融资机制改革要以强化市场导向、突出企业主体为目标。其核心是建立对政府投融资行为的市场化约束激励机制，建立权责清晰的出资人制度。其目的是将全社会资金引入经济建设的各个领域，将市场机制运用到投资、融资、退出、建设、运营、管理等各个环节，从而形成全社会资源的有效配置。国家投融资机制改革的基本方向是：依据"谁投资、谁决策、谁受益、谁承担风险"的原则，在国家宏观调控下，更好地发挥市

场机制对经济活动的调节作用。这主要是指国家的宏观调控层面上的改革和创新，具体到农村领域，笔者认为应从农村发展的实际确定农村投融资机制的目标模式。

当前，四川省新农村建设正处于关键时期，市场机制在合理配置农村资源、激发农民的生产积极性和创造性、促进农村经济发展方面具有积极作用。但是受农业弱质性和农村投资低报酬率的约束，任凭市场机制自发配置资源，容易造成对农村投资的大起大落。鉴于农业的重要地位和增加农民收入、缩小城乡差距、全面实现小康社会的长期目标，笔者认为政府应义不容辞地承担起投融资主体责任，并通过各种政策措施引导其他市场主体增加对农村投入，建立多元化的农村投融资体系。具体为：以推进农村投融资市场化、社会化进程为目标，构建以农民个人投资为主体、以政府财政投资为导向、以信贷投入为支撑、以外资和证券市场等各类资金为补充的多元化农村投入体系；以资本市场为平台创新投融资方式；以谁投资、谁决策、谁受益、谁承担风险为原则，建立健全农村投融资决策机制和投资风险补偿机制；实行与社会主义市场经济机制相适应的政府间接调控的资本要素配置机制和管理机制。

三、创建四川省新农村建设投融资长效机制的原则

新农村建设时，要以科学发展观为指导，按照统筹城乡经济社会发展的要求，把新农村建设纳入当地经济和社会发展的总体规划。要明确推进新农村建设的思路、目标和工作措施，统筹安排各项建设任务，循序渐进，合理安排。具体来说，要坚持以下基本原则：

1. 坚持公共财政原则，合理界定财政支出范围

新农村建设是一项庞大的系统工程，按照公共财政原则，财政支农资金应主要用于解决农村发展过程中的公共产品和准公共产品的建设方面，做到"不缺位"、"不越位"、"不错位"。财政要充分发挥引导作用，积极引导农民个人资金和社会资金投入。

2. 坚持量力而行原则，使新农村建设与财力水平相适应

要坚持科学规划、因地制宜、分类指导。财政支持新农村建设的方式、范围、标准和比例的确定与调整都直接取决于财政收入和支出水平的高低，取决于财政的承受能力。因此，必须量力而行、尽力而为，区分不同的地区和不同的发展阶段，按照轻重缓急、循序渐进的原则，逐步推进，树立新农村需要长期建设的精神理念。始终做到"三个符合"，即符合当地经济社会发展水平，不搞超前消费和过度建设，不增加乡村债务，不增加农民负担；符合群众的愿

望不搞强迫命令，不做表面文章；符合市场经济规律，不搞无效益的产业。

3. 坚持以农民为主体的原则，充分调动农民建设新农村的积极性

遵循农业、农村、农民的发展特点、规律以及自身发展需求，围绕农民的真实需求谋划新农村建设，根据农民意愿推进新农村建设，主要依靠农民力量搞好新农村建设。一是调动农民群众的积极性和创造性，使新农村建设成为广大农民的自觉行动，让农民自己的事情自己做主。不能抑制和抵消农民自发、自助、协同的创造性，要激发农民的自发、自助、协同的主体意识和主观能动性。积极引导和激发农民自力更生、艰苦奋斗，通过筹资投劳、互助合作建设自己的美好家园。二是充分尊重农民的首创精神，因地制宜，从各地农村的实际出发，选择符合本地实际的发展模式。三是要坚持以人为本，着力解决直接关系农民切身利益的各类生产生活问题，摆脱运动式的短期行为模式。

4. 坚持科技发展新农村原则，逐步增强新农村所需资金的"造血功能"

新农村建设是一项庞大的系统工程，要真正实现城乡统筹发展，新农村初步建设之后，其后续发展任务更艰巨。现在四川部分地区出现了：政府出资为农民建设新村新房后，农民继续返回城里打工，导致新村新房成空房。要使这一现象彻底消失，就必须以科技发展农村，依据市场，走农业产业发展道路，走农家旅游、景观农业和村办企业等致富道路；培育有农业技能、乐于善于在农村就业和创业的新农民。

5. 进一步深化体制与机制改革的原则

农村改革向纵深推进，农村经济运行机制正在发生重大变化。在新农村建设中，我们不仅会遇到旧有体制的障碍和束缚，还会遇到在经济社会发展中不断出现的新矛盾。因此，推进新农村建设，进一步深化农村改革也必将是一个长期过程。坚持体制机制创新，要坚持农村基本经营制度，要尊重农民群众的首创精神，要与时俱进，增强创新意识。

第二节　建立良好的新农村投融资长效机制运行的环境

一、各级党政支持，建立良好的宏观政策环境

胡锦涛同志在十七大报告中指出，"坚持把发展现代农业、繁荣农村经济作为首要任务，加强农村基础设施建设，健全农村市场和农业服务体系"。因此，四川省建设新农村必然会得到各级党和政府的支持，形成良好的宏观政策环境。四川省可以抓住国家新农村建设、西部大开发、支持贫困地区发展的有

利时机，用足用活国家相关的财政、税收、农业等各项有利于促进发展的政策措施，争取更多的资金来支持新农村建设；同时，及时制定相应的土地使用、产业布局、资源利用、环境治理等配套的实施细则，营造一个有利于吸收投融资的宏观环境。

二、激励农民参与，形成建设新农村的内在动力

建设新农村是为农民办实事、办好事，让农民得到实惠。因此必须广泛调动农民群众参与新农村建设的积极性与主动性，形成强烈的参与意识，把"给农民建"变为"农民要建"。

三、利用资源优势，形成新农村经济发展的基础条件

四川省在生物、能源、矿产、旅游等资源方面具有得天独厚的优势。从长远的角度来实施开发与保护并举，充分挖掘资源潜力，实现资源经济价值，必然会促进经济的持续稳定增长，为其新农村经济发展创造良好的基础条件。

四、开发四川和周边省市市场，为农业产业发展提供广阔市场空间

现代农业是高度商品化和市场化的农业，在农业生产决策和农产品价值的实现的过程中，市场都发挥着极其重要的作用。四川东邻重庆，南接云南、贵州，西与西藏接壤，北连青海、甘肃和陕西，要好好利用并进一步开发这些省市的农业市场，为四川农业产业发展提供广阔市场空间。

五、发展农业特色产业，为新农村后续发展提供资金来源

四川的自然环境差异特征奠定了四川省农业土地利用的基本格局：四川盆地中心区是重点农区和养殖业区；盆地周边山地地区是农、林、牧兼营区；川西南山地区是农、林、工矿业区，是中国的三大林区之一；川西高山峡谷区是林、牧、农兼营区；川西北高原区是重点牧区，是中国五大牧区之一，其差异也决定了四川必须按照环境条件来发展农业特色产业。各区域必须以特色农业资源优势，培育各自的生态绿色品牌，构建形成科技含量足、信息化水平高的农业循环经济产业体系，千方百计促进农业增效、农民增收，为新农村后续发展提供资金来源。

第三节　建立健全农村金融市场

农业的发展离不开资金的支持，据统计，四川省在"十一五"期间"三农"支出一般预算为5 300多亿元，从绝对数上看，财政支农的力度也不小，但与农村经济社会事业发展所需的巨额资金相比，只是杯水车薪，完全依靠财政提供农业发展所需资金是不现实的。同时，农业又是一个弱质产业，处于产业链条的开端，受自然条件影响大，风险大，成本高，又多是小规模经营，收益比较低。因此，农业从自身的角度来讲也不能为融资提供足够有效的信用，导致金融远离风险大、收益低的农村市场也是必然的。同时，四川农村金融组织体系不完备，使得现有的农村金融机构对农村和农业难以进一步发挥更大的支持作用。因此，必须从加强农村金融机构体系建设、建立和完善农村金融激励机制和风险补偿机制等方面来建立健全农村金融市场。

一、积极推动农村金融改革，促进农村金融市场发展

一般来说，不同的金融机构只能提供某些类型的金融服务，解决农村部分金融需求问题。新农村建设和现代农业发展，对金融机构、金融机制、金融工具和金融服务都提出了新的要求，需要建立多层次、多元化的农村金融机构体系，形成有序的金融服务分层，使不同的金融机构能够较好地依托不同的运作平台发挥各自优势，满足不同层次的金融需求。

在当前农村商业金融服务极度不均衡的状态下，政府可以通过适当的财政政策支持和引导，推动农村金融改革，逐步构建以农信社为主、农业银行和邮政储蓄为辅、新型农村金融机构为补充的农村商业信贷服务体系，让农村广大群体享受到多元化的金融服务。

1. 深化农村信用社改革，逐步将其改造成为农村社区服务的地方性金融企业

确立稳定与效率并重的监管目标，进一步深化农村信用社改革。农村信用社是农村资金供给的主要力量，经过近些年的改革，农村信用社得到一定的发展，支农功能有一定改善。但是农村信用社固有的股权结构不合理、法人治理欠缺等突出问题依然没有得到根本解决。因此，首先，认真总结试点经验，加快农村信用社改革步伐，要把农村信用社办成自主经营、自我发展、自我约束、自担风险的社区性地方金融机构，增强为"三农"服务的功能。要防止

出现地方对信用社业务的过多干预或信用社脱离农村的倾向。其次，加大对信用社的支持力度，消化历史包袱，降低信用社支农业务的成本和风险。根据农民的承受能力，适当增强农村信用社存贷款利率的灵活性，提高信用社吸收存款的能力，降低经营成本。可以考虑减免农村信用社的营业税和所得税，对农村信用社的历史包袱应采取有效的财政政策和金融政策逐步消化，特别是对粮食主产区，支持的力度应该更大一些。再次，农村信用社应在继续完善小额信贷的基础上，扩大农户小额信用贷款和农户联保贷款的覆盖面。最后，延长对农村信用社税收优惠期限，鼓励和吸引各种社会资本投入农村信用社，积极帮助农信社进一步完善股权结构和法人治理结构。

2. 扭转中国农业银行的"离农"倾向，切实发挥政策性金融的支农作用

现阶段中国农业银行要承担起农村商业流通、农业产业化经营的资金支持。一是当地政府应根据国家的相关政策进一步通过税收等地方政策鼓励、引导中国农业银行为农业和农村经济提供金融服务，增加信贷投入。二是针对农民抵押难的问题，研究适当放宽农业银行贷款制度，如对支农信贷实行单独考核等。三是政府以文件明确规定当地农业银行有义务为其经营业务所在社区提供农村金融服务。在保证资金安全的前提下，将中国农业银行分支机构吸收存款的一定比例用于本社区信贷投入，放款达不到一定比例的可以撤掉网点，让出存款市场。四是中国农业银行要创新金融产品和服务方式，拓宽信贷支农资金渠道。

3. 建立适当的激励约束机制，鼓励中国邮政储蓄银行返回农村金融市场

中国邮政储蓄银行是在改革邮政储蓄管理体制的基础上组建的商业银行。中国邮政储蓄银行承继原国家邮政局、中国邮政集团公司经营的邮政金融业务及因此而形成的资产和负债，并将继续从事原经营范围和业务许可文件批准、核准的业务。但随着其商业化改革，迫于商业化的要求，原服务于"三农"的邮政储蓄已基本从农村市场退出或将贷款权上收，这样，实际加速了农村资金向城市流动。为解决这一问题，应通过实行差别化的财政支持政策，对效益较低的欠发达地区农村和农业领域，以一定的财政奖补政策激励中国邮政储蓄银行在农村地区增设机构网点，合理调整布局，增强金融服务；建立邮政储蓄资金购买国债，特别是购买中国农业发展银行债券的激励措施；并规定其支农放贷款最低额度、超过最低限额的奖励措施以及不到最低限额的惩罚措施。

4. 找准中国农业发展银行定位，切实担负起政策性的支农任务

中国农业发展银行是国家政策性金融支农的重要力量，当前其主要提供的是农产品收购和扶贫贷款等政策性贷款。对中国农业发展银行，应对其功能定

位进行调整，切实担负起政策性的支农任务，对农村道路、通信、电网和水利等基础设施，以及卫生院、文化馆等农村社会事业提供长期低息或无息贷款，尤其要突出对欠发达地区的农村基本金融服务。

5. 鼓励建立多元化的新型农村金融机构，为农村金融引入竞争机制

针对"三农"经济的弱质性与金融资金逐利性之间的矛盾，应不断完善"正向激励"的农村金融政策体系，对农村金融机构，在准入门槛、存款准备金率和财税政策方面给予政策激励。通过一定的财政奖补、税收优惠等政策，吸引社会资本参与建立村镇银行、贷款公司和资金互助社等社区性金融机构，大力发展小额贷款公司和新型农村合作金融组织，为农村金融注入新鲜血液，拓展农村经济融资渠道，活跃农村金融市场。

二、完善多层次资本市场，引导更多金融资源投向新农村建设

随着资本市场和农业产业化企业的进一步发展，资本市场成为农村金融创新的重要平台。资本市场不仅可以提供农村建设所需的大量资金，还可以提高农业产业化经营的资源配置效率，帮助促进农业经济结构进行战略性调整。通过一定的培育和引导，利用资本市场缓解农村资金紧张。

1. 农村基金型担保融资

农村基金型担保融资，是继农户小额信用贷款后的一种具有超前性和特殊优越性的农户融资方式。担保中心的运作符合市场规律，使各参与者同时受益，具有长期存在和发展的基础，具体操作如下：

以乡（镇）为单位成立担保中心，每村指定一名负责人担任担保业务联络员，担保资金由乡镇政府、担保联络员入股形成。入股资金存入农村信用社专户管理，并由信用社按定期存款利率计付利息。担保中心由乡镇政府派专人管理，担保中心的主要服务对象确定为本地农村信用社等级评定授信额度以上和信用社没有评定等级的农户、个体、私营企业者，贷款条件约束力不强。

担保中心股东的收益包括：担保贷款法定利率上浮部分的全额利息；担保手续费按担保贷款额定期限内法定利率的50%一次性收取；入股资金存在信用社定期存款的利息所得；乡（镇）政府股金所获利息对个人股东的分配。对于担保贷款到期无法偿还时按如下顺序弥补损失：扣减担保责任人的代理手续费；扣减担保责任人的股金利息；扣减农村信用社按担保贷款提取等额的呆账准备金；扣减担保责任人的股金。农村基金型担保贷款的具体操作程序如图8-1所示。

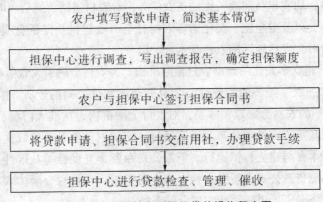

图 8-1　农村基金型担保贷款操作程序图

2. 农村可收费基础设施收费资产证券化

资产证券化是把缺乏流动性，但具有未来现金收入的资产收集起来，通过结构性重组，将其转变成可以在金融市场上出售或流通的证券，据以融通资金的过程。资产证券化可以分成资产证券化和未来现金流证券化或收益证券化。基础设施的证券化是未来现金流证券化。

中国目前达到证券化要求的资产可以是抵押贷款、出口应收款和基础设施未来现金流。农村基础设施是目前国家重点扶持的项目，从政策上获得政府支持的可能性较大。我国农村可收费性基础设施指正在推向市场化并且可以市场化或半市场化的基础设施，如农村电力、电网、通信、饮用水设施、沼气池、水利设施、文化娱乐设施等。这类基础设施存量大且收益稳定。因此从可行性上讲，可以使用基础设施收费证券化来为农村基础设施建设融资。

农村基础设施收费证券化的方法为将现有农村基础设施的收费权视为一种资产，将之出售给特殊目的载体，由其向社会融资。

3. 农村公益性基础设施融资方式的创新

公益性基础设施具有无直接现金流来源的政府用户化付费的公益性特点。在农村，湖泊的治理、中低产田改造、农村环境保护等就是具有排他性的公益性较强的一类项目。这类项目通常情况下不仅需要大笔的治理投入，同时还需要相当数量的资金养护、维护费用。因此，政府预算内拨款的形式成为必然，中国农业银行的优惠贷款为项目资金来源的主要组成部分。此外，还要探索一些社会公共收入转化为项目建设和运营的资金渠道，就需要进行公益性项目融资方式的创新。

（1）政府用户化方式

政府用户化方式就是在直接用户难以确认的情况下，政府出面以用户身份向公益性项目的建设和运营方支付费用，而政府以排污收费、拍卖排污许可证的收入、环保税收入、通过其他经济手段获得的收入和罚款罚金、以环境改善获得的增量税收收入、甚至直接从受益者身上收取的收益增加附加税费收入来弥补其支出。

（2）价值补助方式

由于农村公益性基础设施在向所有人输出外部效应的同时，必然存在一部分显著受益的企业和居民，也就是环境的改善带来周围土地的增值和商业活动的繁荣会明显超出其他地区。为保障社会公平，当然也为筹集部分资金，政府使用价值补助方式将受益群体的一部分收益转化为公共使用。比如，农村环境改善带来不动产价值的提升和商业活动的繁荣，会吸引新投资者在农村投资，增加的企业利润会带来政府税收和土地批租收入的增加，政府也可以在公益性项目的周围设立特别税收或付费区域，要求运营中的企业和新的开发商可以付一次性的固定费用，或是不动产增值部分的比例税率，这样政府可以通过财政来补偿支出的资金。

4. 利用证券市场直接融资渠道

通过发行农业上市公司股票进行融资，是当前证券市场支持农业产业化经营的主要方式。政府可制定一定的激励政策措施，鼓励证券金融机构为农业产业化企业上市进行贴近辅导服务，帮助农业产业化企业做好上市准备。另外，可对农业上市企业给予一定资金补贴和奖励，鼓励农业产业企业上市融资。通过证券交易系统发行农业企业债券，是农业产业化企业直接融资的重要渠道。对符合条件的农业产业化企业，可通过安排财政贴息等方式，鼓励其通过发行企业债券方式直接融资。

5. 培育农业产权置换、农产品期货等交易市场，为农业生产提供更多资金支持

经济发展的过程是传统农业逐渐转变为现代农业的过程。在此过程中，传统的分散式的小农经济因其生产率较低而必将被淘汰，农村土地、林地等农业产权的流转和农产品期货兴起的现代农业经营模式将是未来发展的趋势。政府应采取积极的态度，通过一定政策和资金引导，培育发展这一新兴市场，为农业融资开辟新的渠道。因此，应大力培育农业产权置换、农产品期货等交易市场，让农业要素流动起来，用闲置资源为农业生产提供更多资金支持。

三、完善农村金融的激励和风险分担机制，为支持农村金融创新服务

农村金融是高成本、高风险、低收益的行业，如果完全由农村金融机构来承担农业贷款风险，其机构是很难做到持续经营的。解决好金融支持新农村建设与分散风险这对矛盾，需要政府以适当的财政政策和资金引导，通过税收优惠、财政贴息以及建立完善激励机制、担保基金等方式，鼓励金融机构加大信贷投放，适当补偿涉农金融机构的风险，降低经营成本，提供新农村建设发展的资金需要。

1. 完善农村金融的激励和奖补机制

健全完善新增贷款激励、涉农贷款增量奖励和定向费用补贴等机制，通过制定科学规范的激励考核办法，实现以财政资金激励引导加大信贷投放，解决新农村建设领域的资金瓶颈问题。

2. 强化财政存款联动功能

灵活运用国库存款，将财政资金在农村金融机构存放比例与各级银行金融机构涉农信贷投放结合起来，经综合评定后决定财政资金存放。对新农村建设经济建设支持力度大的农村金融机构，适当提高政府财政资金存放比例，发挥财政存款对金融机构支持经济发展的激励作用。

3. 加大农业政策性保险的支持力度，建立农业风险转移机制

通过增加保费补贴资金规模，增加保费补贴品种，扩大政策覆盖面，探索建立农业再保险和巨灾风险分担机制，增强保险机构涉农保险能力，为农业生产提供风险保障。

4. 建立和完善农业担保机制，不断完善农业担保资金补偿和风险分担机制

按照"政府扶持、多方参与、市场运作"的模式，以财政资金引导，吸引金融资本注入、民间资本投入，整合国有资产，不断增加农业担保机构注册资本，推动农业担保公司持续发展。为防范、化解担保风险，建立以农业信贷担保机构提取风险准备金为主，以财政风险补助资金为补充的担保风险金补偿机制，逐步探索建立政策性再担保基金制度，构建农业担保风险分担的长效机制。

5. 建立政府风险补偿机制，确保基础金融服务薄弱地区的基本金融服务

对于欠发达地区，缺乏金融机构和金融机构难以持续经营的，政府可通过设立网点补助、费用补贴、税费减免等支持措施，鼓励和引导金融机构设立网点，降低金融机构的运行成本，保证其可持续经营，以满足这些地区的基本金

融服务。

综上所述，通过发挥公共财政职能作用，创新财政支持手段和方式，加强财政政策与金融政策、财政工具与金融工具协调配合，引导和鼓励农村金融机构加大对新农村建设支持，不断完善农村金融体系，提高农村金融服务的数量和质量，解决"农村金融"失灵问题，是财政支持农村金融发展的方向和政策着力点。当前应充分利用有限财力，积极整合财政资金，坚持财政政策通过市场机制发挥作用，通过建立健全农村金融的激励机制、涉农贷款风险补偿、农业保险保费补贴、担保风险补偿等扶持奖补机制，给金融机构适当的利益补偿来增加农村金融供给，满足农民和农业企业资金需要，最终达到以有限的财政资金引导金融较大规模地投向新农村建设，提高农村金融服务能力和效率，促进农村经济发展的目的。

[四川宜宾改善农村金融环境，助推农村经济发展]

从宜宾市金融部门了解到，宜宾通过改善农村金融环境，健全农村金融服务体系，推动农村金融服务方式和产品创新，大力推动农村金融建设，促进了农民增收致富和农村经济的发展。

（1）改善农村金融服务环境。

中国人民银行宜宾中心支行（以下简称"人行宜宾中支"）制定了《宜宾市银行卡刷卡无障碍示范区创建方案》，全面推进"银行卡刷卡无障碍街区"创建活动，2010年成功创建1家省级示范区和4家市级示范区。2011年，启动国家级银行卡刷卡无障碍示范区创建工作，中国农业银行和农村信用社推出惠农卡和蜀信卡业务；中国农业银行和邮政储蓄银行利用营业网点分布广泛的优势，针对偏远地区，大力推广简捷便利、成本低廉的电话POS服务。目前，全市农村地区银行持卡量已达305.78万张，人均持卡量已达0.68张，农村地区非现金交易大幅上升，各项涉农补贴基本实现银行卡直补。为加强农村社会信用体系建设，市政府出台了《农村信用体系建设试点工作意见》，依托农村信用村镇建设，培育新型诚信农户。建立完善农户信用档案，严格信用等级评定，信用农户能享受信用就医、信用求学、信用购置农资机具等多方面优惠。目前，全市已有92万户农户建立了信用档案，占总农户数的78%；评定信用农户84万户，占总农户数71%，有81万户信用农户获得信贷支持6.47亿元。

（2）健全农村金融服务体系。

宜宾市农村信用社以资格股改造为重点，以优化股权结构为突破口，深入推进产权制度改革，率先在全省农村信用社完成了资格股改造，健全了公司法人治理结构，完成了长宁县、翠屏区农村信用社改制为农村商业银行（以下简称"农商行"）的改革任务，全省第一家农业县农商行——四川长宁竹海农村商业银行股份有限公司于2010年8月正式开业，翠屏农商行于2012年7月正式开业。

充分发挥农发行和农业银行的作用。农发行宜宾市分行紧紧围绕宜宾市委、政府的发展战略，积极为宜宾新农村建设提供优质、高效的金融服务，信贷投放继续保持较快增长，信贷投向进一步优化。2011年1~5月，累放各项贷款131 728万元，同比多放102 993万元，增加近4倍。5月末，各项贷款余额比年初增加106 355万元，增幅达到33.78%。中国农业银行宜宾分行按照面向"三农"总体定位，以服务现代农业发展为支撑，突出支持产业化龙头企业、城镇化发展、县域中小企业、农民生产经营"四个"重点，做实惠农卡、农户小额贷款、农村个人生产经营贷款、农民专业合作社贷款、转账电话产品"五大"产品，完善服务领域、服务渠道、服务方式"三大"运行体系，强化组织领导、内外协调、资源保障、风险控制、激励约束"五个"机制，着力健全服务新农村建设示范片的制度、运行、保障体系建设，不断提高了农村金融服务质量和覆盖面。5月末，县域支行各项贷款49.95亿元，较年初净增0.53亿元，累计发放惠农卡144 852万元。

大力发展新型农村金融机构。2010年，宜宾市商业银行作为主发起人发起设立了宜宾市第一家村镇银行——兴宜村镇银行，目前贷款余额到达6 771万元。2009年以来，宜宾市积极开展小额贷款公司试点工作，已成功组建小贷公司4家，注册资本金4.2亿元，2011年5月末4家小贷公司涉农贷款余额达4.58亿元。2009年，市政府出资4 000万元，联合区县政府和有关农业产业化龙头企业，组建了宜宾市农业融资担保有限公司。公司注册资本为人民币10 400万元，主要从事对涉农企业提供融资担保及配套中介服务。目前，公司在保余额达19 866万元，为宜宾市涉农企业的发展和新农村建设做出了积极的贡献。

促进保险业务向农村延伸和拓展。2007年以来，宜宾市按照中央和省上部署，积极开展了政策性农业保险试点工作。目前，已逐步建立健全了以人保财险公司乡镇农业保险服务工作站和行政村农业保险协保点为支撑的基层农业保险服务网络体系，实现"网络到村、服务到户"的全覆盖服务体系，以网络的延伸推进服务的升级，以服务的升级增强农民投保的积极性，从而推动整个农业保险的不断发展。2010年，共承保水稻142.99万亩、玉米81.25万亩、油菜21.70万亩、育肥猪88.60万头、能繁母猪24.03万头、奶牛40头、烤烟

12.8万亩、林木8.9万亩。中国人寿等保险公司还在农村开展了小额人身保险等其他涉农保险业务。

消除金融空白服务乡镇。2010年末，为了让全市群众都能享受到普惠制金融服务，经宜宾银监分局统筹协调并审核批准，宜宾市金融服务空白乡镇全部设立农村信用分社。营业地址均由乡镇政府提供，营业面积14~30平方米不等，14个分社总面积275平方米，对存款、结算、汇兑业务通过门柜实施，对贷款业务实行门柜和流动上门相结合，9个可以赶集的乡镇实行赶集日服务，不能赶集的实行定时服务。

（3）推动农村金融服务方式和产品创新。

宜宾作为全省农村金融产品和服务方式创新试点地区，按照"一地一特色、一行一方案"的思路，全力推进农村金融产品及服务方式创新试点。目前林权抵押贷款已在全市推开，企业主个人财产抵（质）押、土地承包经营权抵（质）押、工程类应收账款质押、联保、五粮液集团应收账款质押、主要农产品抵（质）押、农业产业化龙头企业商品供销合同信用贷款、大学生村官创业富民贷款等信贷产品已在全市开展。截至2011年5月末，全市各项创新金融产品55亿元，惠及农村320余万人。

以全方位开展动产质押为突破，开辟涉农融资担保新渠道。按照试点方案的要求，全市涉农金融机构从过去倚重固定资产抵押转变为全面推行动产质押，涉及质押品种有蚕茧、茶叶、油樟、花卉等特色农副产品，以及基酒、船舶、设备等，为资产规模小、产品有市场的中小企业开辟了一条新的融资通道。

以开展"信用+合同"贷款模式为切入点，探索订单农业新型担保贷款模式。将农业产业化企业、基地农户和金融机构三方通过"订单合同"、"担保合同"和"借款合同"三种契约载体相联结，搭建与大集团保持稳定供需关系的企业融资平台。

以生产基地为纽带，推广"公司（协会）+农户（基地）+财政"信贷模式。通过这种信贷模式，扶持了永兴镇"西部藕乡"、赵场镇"万亩花卉基地"、筠连烟叶烤房贷款等，带动了全市农业结构调整和优化升级，发挥了良好的示范效应。

大力推进林权质押贷款。人行宜宾中支会同市林业局出台了林权抵押贷款相关管理办法，并先后两次牵头召开全市林权贷款推进工作会，具体明确了贷款所涉及的改革确权、评估登记、权属交易、风险控制等内容，并将林权贷款范围扩大到了竹木生产加工企业。截至2011年3月末，全市林权抵押贷款余额 2 890 余万元，同比增长 80%。

创新煤炭企业组合融资，扩大农村金融服务外延。作为国家重点发展的矿区，煤炭企业是当地农民重要的就业增收渠道，宜宾市制定《市煤矿企业技改融资管理办法》，在风险可控的情况下，努力创新煤炭业融资方式，为煤炭企业技改注入了新的资金活力，保证了农民工就业。这一创新模式得到企业和县、市以及省政府的好评。

以地方特色为着力点，支持大学生村官创业。截至 2011 年 3 月末，累计发放创业贷款 87 万元。屏山县大乘镇大学生村官杨勇贷款 20 万元，创办"鸡勇士蛋鸡养殖场"，荣获"全国大学生村官十大创业先锋"第一名。另外，积极开展金融支持"春风工程"建设。根据四川省委指示以及市委工作要求，围绕筠连县春风村的致富经验，人民银行向全市金融机构印发了《关于金融进一步支持千村春风工程建设的意见》，以促进全市"春风工程"建设金融服务制度化。

第四节　创建优越的新农村建设投资环境

投资环境是指伴随投资活动整个过程的各种周围境况和条件的总和。概括地说，其包括影响投资活动的自然要素、社会要素、经济要素、政治要素和法律要素等。新农村的投资环境是其投资者在做投资决策时的一个重要关注点，因此优化新农村投资环境就成为四川省各级党委、政府必须长期坚持的战略和常抓不懈的基本任务。优化投资环境的基本目标就是整合现有的投资环境资源，增强其稳定性和增值性。

一、创建优越的投资硬环境

第一，通过多种渠道集聚建设资金，优先进行与新农村建设发展有关的基础设施建设，特别是村镇互动的交通路网，即加速交通工程建设，尽快改善农村的交通状况。第二，根据农业产业发展需求，扩大种植和养殖范围，支持特色农业产业发展，注重发展优质品种的种植和养殖。四川隆昌县就建立了自己的水禽养殖基地，基本形成了"公司＋农户、基地＋农户"的经营模式。第三，改变农村电网不合理状况，进一步提高农村的供电质量，从而切实消除农村发展瓶颈。

二、营造公平有序的法制环境

市场经济的本质是法制经济。公平有序的法制环境可以使新农村建设投资者对其有明确的预期，对自身合法权益有更强的安全感，这就要求各级政府能为投资者营造和谐稳定的经营环境。为此，第一，必须合理界定部门职能，规范各类检查，杜绝部门越权收费，"吃、拿、卡、要"等违规行为，杜绝部门之间职责不清，对政策的具体理解、执行和资金使用要求各不相同，政策之间缺乏有机的协调，出现资金在使用方向、实施范围、建设内容、资金安排等方面有相当程度的重复和交叉，资金使用分散和投入交叉重复等问题出现。第二，严格兑现承诺的相关优惠政策，明确投资者、乡镇政府及有关机构各自的权利、义务和责任，降低因各种人为因素带来的投资风险。第三，在企业投资经营过程中，发挥政府的服务职能，监督各方严格履行合同条款，依法办事，杜绝欺诈、违约和赖账等行为，降低企业的合同风险。

不难看出，一个低风险、高信用、公平有序且能保障投资者合法权益的法制环境，始终是新农村吸引投资的制胜法宝。

三、构建宽松优惠的政策环境

政策优惠能带来低投入和高回报，是吸引投资的有效手段，是任何地区特别是基础设施、技术条件和人力资源相对不足的新农村招商引资的一张王牌。要根据本地区特色农产业、支柱农产业和瓶颈产业现状，确定产业政策和该地区农村经济发展战略，明确投资重点，制定特殊政策，在农业产业用地、收费减免等方面提供最大限度的优惠。

投资优惠政策要求付出很大的成本代价，是各级政府需要做出的一项战略抉择。制定投资优惠政策以两个思想突破为前提：一是所失和所得的权衡。投资为当地带来的收益，包括土地等资源要素收益，以及税收收益、就业收益、带动相关产业发展等多种收益。其中土地资源要素收益与其他收益之间成反比，土地、劳动力资源要素使用成本越低，对投资者的吸引力就越大，招商引资的成果就越丰厚，随之带来的税收、就业和相关产业发展的综合效益就越明显。由此可见，优惠政策的付出能换来更多的回报。二是近期收益和长远收益的选择。今天的优惠政策成本将因吸引投资而带来明天综合收益的倍增，相关产业迅猛发展，经济规模急剧扩张，财政状况日渐改善，就业机会不断增多，人气加速集聚，城镇发展水平得以提升，社会更加和谐稳定。这样，未来土地价格攀升带来的收益将远远大于今天低地价的损失。当然，乡镇付出投资优惠成本时既要考虑未来的收益，也要考虑现实的机会成本，在付出代价与乡镇实际承受力之间有一个"度"，要注意把握好利益的平衡点。

四、优化农村信用环境

要优化农村信用环境，完善风险保障及担保机制。一是建立农村企业和农户信用信息库，为农村信贷风险控制提供依据。农村金融机构要加强与其他职能部门协调合作，健全农户及农村个体工商户信用和经济档案，有效整合信息资源，实现信用信息资源共享。推动守信激励和失信惩罚氛围的形成，努力营造良好的农村信用环境。二是发展农业保险，建立农村支农贷款保险机制。在目前没有专门的农业政策性保险公司的情况下，政府应对代办农业保险的商业保险公司的亏损给予相应补贴，提高其承保积极性；同时，针对农业投资风险较大的现实，逐步尝试由农户、商业银行和保险公司三方协商，在农户贷款时向保险公司投保，试行农业保险贷款，消除农民投资和银行贷款的后顾之忧。三是在担保机制建设方面，应以乡镇为单位建立多主体、多形式的担保机构，既要鼓励政府出资的各类信用担保机构和现有商业性担保机构开拓农村担保业务，还要积极探索市场化的路子，吸引民间资本进入农村担保领域，切实解决农户和农村中小企业贷款担保难的状况。

五、扩大政府间接投资范围

除国家财政预算安排的纯公益性项目原则上采取无偿拨款投资方式外，扩大政府间接投资范围，支持个体私营经济企业、农村集体组织和农户采取产权私有或民办公助、公办民助等多种形式也应进入农村基础设施和公共消费的投资领域。将对流通环节和消费环节的补贴，转到对生产者的直接补贴。除对种粮农民实行直接补贴外，对于农村个人、农场职工、农机专业户和直接从事农业生产的农机服务组织购置和更新农机具给予一定补贴；加强对农村劳动力的职业技能培训，由农民自主选择培训机构、培训内容和培训时间，政府对接受培训的农民给予一定补贴；对龙头企业为农户提供培训、营销服务，以及研发引进新品种、新技术，开展基地建设和治理污染等，给予财政补贴。

六、对扶持性项目给予财政贴息

通过对国家确定给予扶持的项目建设贷款给予贴息，达到招商引资的目的。其包括：①对符合条件的龙头企业技改贷款给予财政贴息；②有关金融机构支持农民专业合作社组织建设标准化生产基地、兴办仓储设施和加工企业、购置农产品运销设备，财政适当给予贴息；③政策性银行或政府委托的投资公司贷款，财政予以贴息，这种方式主要适用于投资贷款周期长、项目收益低、基础性强、通过市场融资困难的农村基础设施建设项目，如村企合一模式的建设过程中的贷款需要财政贴息。

七、对龙头企业给予政策性贷款

在当前情况下，最迫切需要的政府投资方式是政策性贷款。这是因为：①贷款是有偿的，即使是低息都是以偿还本金为最基本的前提条件，这一特点与政府投资资金有偿使用的改革方向相吻合。②对于接受资金的企业来说，由于需要偿还贷款资金，会更加注重投资的经济效应，能调动企业用好资金的积极性。政策性贷款根据贷款程序不同可分为直接贷款和间接贷款。直接贷款是金融机构直接向贷款对象放款，其优点是金融机构可以将资金明确到贷款对象，用于产业、区域开发的资金多采用这种方式。间接贷款就是不直接对贷款对象放款，将资金委托其他金融机构，根据确立的贷款用途和对象条件，向符合条件的对象放款，对农户个人或中小企业贷款一般可采用这种方式。委托其他金融机构放款，具有利用其他金融机构网点节约运营费用的优点，但是制定有效措施、确保被委托者按照意图放款是十分关键的。如：带动乡镇发展的龙头企业可给予政策性贷款。

第五节　完善新农村投资决策管理机制

投资决策机制改革的目标是建立各负其责、相互制约的三重决策机制。一是投资决策，即项目规划，要解决的问题是何时何地以何方式建哪类项目。一般来说，商业性项目的投资决策由资本所有者做出，公益性项目的投资决策由政府做出。二是资本决策，由权益资本所有者判断项目可能带来的收益（资本回报或者社会效益），决定是否出资建这个项目，进而设计具体的项目结构。三是信贷决策，由债务资金提供者判断项目的风险和清偿能力，决定是否以及以何种条件提供债务资金。建立三重投资决策机制不仅有利于减少和避免领导人的"形象工程"和"政绩工程"泛滥，还有利于项目决策民主化，以及项目建设可行性论证的科学化，促进项目实施失职的责任规范和追究。各类投资主体都要建立投资项目的科学决策机制，严格按程序进行决策。

一、完善政府投资项目的决策机制

对一般项目，出资人代表机构及下属企业既负责投资决策也负责资本决策，具体分工取决于各出资人代表机构不同的内部治理结构。重大项目，行政部门可以做出投资决策，但是必须由出资人代表机构决定资本决策的是与否，资本决策的硬约束在于资信等级评价，所以决策结果可能是否定性的，也可能是条件性的（追加注册资本、免税等）。信贷决策毫无疑问由银行做出，特别应指出其中包括政策性金融机构，政策性金融机构的"政策性"表现为其贷款方向服从国家政策、产业政策，而不表现为按照行政旨意或长官意志给不可能清偿的项目发放贷款。三重决策之间，没有审批插足的余地。唯有完全公益性的项目，仍需由行政部门完成项目决策，因为其筹资方式只能是以行政拨款（含公债）为主。即使是这一类项目，也应由专门的机构去组织实施，行政部门只负责规划和监管。

二、完善企业投资项目的决策机制

企业出资和农民一起建设的项目，除重大和特殊规定的项目外，无论新建、扩建和改造，均由企业和农民自主决策，自担风险责任，自主商讨项目的可行性，不再上报政府投资主管部门审批，改过去的审批制为备案制。重大项目建议书经镇政府投资主管部门提出审查意见后，报镇政府核准。核准是说明虽然不需要政府投资，但因为项目涉及国家的重大安全，就需要实行核准制，进一步缩小政府的审批范围。

三、改革农村资金管理方式

第一，农村财政资金相对集中管理，提高资金利用效率。统一财政对农村资金投入渠道，集中管理使用所有的财政支农资金，将国务院扶贫办、农业综合开发办、财政部和农业部的农业项目资金以及各级政府的财政支农资金统一归集到农业部门进行调配使用。建议由中国农业银行统一接受和管理财政支农资金，以确保国家支农资金的落实和资金使用效率。

第二，对农村专项资金，实行专人管理、专账核算、专款专用。全面推行财政无偿资金的报账提款制、有偿资金委托银行放款制和项目资金公告（公示）制。报账提款制是指在建设项目的建设内容、标准和总预算确定后，由项目建设乡村向财政部门预借部分建设资金，先行组织建设，然后再向财政部门报账核销，财政部门对不合理支出有权拒绝报销和拨付资金，项目建设不能够报销的费用支出由项目单位自行承担。

第三，加强对资金的监管、检查。审计部门对农村财政资金的运行进行事前、事中、事后监控，将日常检查和重点检查有机结合起来，必要时对专项资金聘请中介机构进行审计，加大对违规违纪事件的查处力度，逐步形成有效的农村资金监督检查机制，杜绝挪用、挤占、滥用现象发生。

四、改革农村项目管理方式

对政府投资的项目要实行严格的管理机制。概括起来称为"五制"：项目的法人负责制、工程的高度标准制、工程的合同管理制、工程的监理制、法人对工程质量的终身负责制。但对小型项目，政府采取辅助投资的形式，很难实行工程"五制"。这就要明确小型项目的产权，落实管护主体，建立必要的运行管理制度，保证项目正常运转。

五、调整农业管理机构

镇政府应根据形势的发展，对既有农业管理机构进行适当调整。第一，强化农业部门的职能，涉农事项均由农业部门牵头负责，其他部门给予指导和支持；第二，增加农业部门管理涉农事务的必要权利和资源，提高行政效率和行政协调性；第三，建立农业和农村经济机制改革和政策拟定的总体协调机构；第四，因地制宜设计地方农业管理机构，将水利、畜牧、农村企业局归并到农业局门，整合或撤并乡镇无实际意义的"七站八所"。

总　结

　　资本作为一种特殊的生产要素对农村经济增长具有重要作用。资本积累需要有良好的投融资机制及运行机制,以此推进储蓄向投资的转化,促进农村资本的形成。目前四川省新农村建设资金短缺现象严重,已成为制约其经济和社会发展的瓶颈因素。为此,深化农村投融资机制改革以及科学构建其长期有效的运行机制,促使农村各经济主体能够方便地获得发展资金,对于促进农村经济增长、社会进步,实现城乡统筹发展,全面建设小康社会具有重要的理论价值和实践指导意义。

　　本书先通过对农业投融资理论、农村金融及其在农村经济发展中的地位和作用进行了阐述;再全面分析了四川省新农村建设的现状和其投融资机制存在的问题;指出了四川省新农村发展战略思路和政策选择;最后提出了四川省新农村投融资长效机制发展对策,即建立良好的新农村投融资长效机制运行的环境、建立健全四川省农村金融市场、创建优越的新农村建设投资环境和完善新农村投融资决策管理机制。

　　本书的主要观点和结论如下:

　　(1)农村投融资机制是农村投融资活动运行机制和管理制度的总称,主要包括农村投融资主体的确立及其行为、农村资金筹措途径、农村投资使用方式、农村投资项目决策程序和建设实施管理等方面的内容。从研究需要出发,本书将农村投融资机制分为四个方面:①农村投融资主体;②农村投融资渠道;③农村投融资制度;④农村投融资决策管理机制。

　　(2)本书认为创建四川省新农村建设投融资长效机制的目标模式为:政府应承担起义不容辞的投融资主体责任,并通过各种政策措施引导其他市场主体增加对农村投入,建立多元化的农村投融资体系。其具体为:以推进农村投融资市场化、社会化进程为目标,构建以农民个人投资为主体、以政府财政投资为导向、以信贷投入为支撑、以外资和证券市场等各类资金为补充的多元化农村投入体系;以资本市场为平台创新投融资方式;以谁投资、谁决策、谁受益、谁承担风险为原则，建立健全农村投融资决策机制和投资风险补偿机制；实行与社会主义市场经济机制相适应的政府间接调控的资本要素配置机制和管理机制。

（3）本书认为四川省新农村建设投融资长效机制发展对策为：第一，建立良好的新农村投融资长效机制运行的环境。即应有一个良好的宏观政策环境；农民要积极参与；利用资源优势、交通优势和市场优势，发展农业特色产业，为融资培育"造血"功能。第二，通过深化农村信用社改革，逐步将其改造成为农村社区服务的地方性金融企业；扭转农业银行的"离农"倾向，切实发挥政策性金融的支农作用；建立适当的激励约束机制，鼓励邮政储蓄银行返回农村金融市场；找准农业发展银行定位，切实担负起政策性的支农任务；建立多层次资本市场；鼓励农村金融创新等措施来建立健全四川省农村金融市场。第三，通过创建优越的投资硬环境、营造公平有序的法制环境、扩大政府间接投资范围、对扶持性项目给予财政贴息、对龙头企业给予政策性贷款等措施来创建优越的新农村建设投资环境。第四，通过改革农村资金管理方式和项目管理方式等策略来完善新农村投融资决策管理机制。

参考文献

[1] 王青荣. 本世纪初我国农业投资问题及对策研究 [J]. 理论研究, 2001 (4).

[2] 杨林. 促进农业发展的投融资政策 [J]. 农业经济, 2003 (10).

[3] 杨明洪. 农业增长方式转变中的农业投资问题研究 [J]. 投资研究, 2000 (4).

[4] 陈池波. 解析农业投资不足的原因 [J]. 农业经济问题, 2001 (1).

[5] 崔慧霞. 农业资金投入问题研究 [J]. 北京理工大学学报 (社会科学版), 2001 (5).

[6] 陈立双, 等. 关于改革开放以来中国农业投资规模的剖析 [J]. 农业经济, 2002 (10).

[7] 何广文. 中国农村金融供求特征及均衡供求的路径选择 [J]. 中国农村经济, 2001 (10).

[8] 顾焕章. 中国农业现代化研究 [M]. 北京: 中国农业科技出版社, 1998.

[9] 杨东升. 我国农业资金投入体制变迁的历史经验与借鉴 [J]. 上海金融, 1998 (8).

[10] 程希骏. 现代投资理论 [M]. 合肥: 安徽教育出版社, 1994.

[11] 翟照艳. 我国农村投融资体制改革探讨 [J]. 经济前沿, 2004 (4).

[12] 德布拉吉·瑞. 发展经济学 [M]. 陶然, 译. 北京: 北京大学出版社, 2002.

[13] 姜长云. 乡镇企业融资问题新探 [M]. 太原: 山西经济出版社, 2001 (6).

[14] 李秉龙. 农业经济学 [M]. 北京: 中国农业大学出版社, 2003.

[15] 李俊元. 投融资体制比较 [M]. 北京: 机械工业出版社, 2003.

[16] 李鹰. 中国资金宏观配置问题研究 [M]. 北京: 中国金融出版社,

2001.

　　[17] 翟照艳. 中国农户投融资行为的实证分析 [J]. 经济问题探索,
2005 (3).

　　[18] 王定祥, 等. 金融资本形成与经济增长 [J]. 经济研究, 2009 (9).

　　[19] 农业部软科学委员会办公室. 农业投入与财税政策 [M]. 北京:
中国农业出版社, 2001.

　　[20] 农业部软科学委员会办公室. 农业结构调整与区域发展 [M].
北京: 中国农业出版社, 2001.

　　[21] 农业部财务司. 中国农业资金问题研究 [M]. 北京: 中国人民大学
出版社, 1991 (7).

　　[22] 唐正平. 世界农业问题研究 [M]. 北京: 中国农业出版社, 2001.

　　[23] 王益. 资本形成机制与金融创新研究 [M]. 北京: 经济科学
出版社, 2003.

　　[24] 谢元态. 统筹城乡发展深化农村改革 [M]. 北京: 中国农业
出版社, 2004.

　　[25] 翟照艳. 我国农村资金短缺的制度性成因分析与对策思考 [J].
生产力研究, 2004 (11).

　　[26] 翟照艳. 我国农村资金存在五条外流渠道 [J]. 经济纵横, 2004 (4).

　　[27] 胡继连. 人力资本投资与新农村建设 [J]. 山东社会科学, 2006 (7).

　　[28] 陆学艺. "三农"问题的核心是农民问题 [J]. 社会科学研究,
2000 (1).

　　[29] 贾彧. 增加人力资本投资是新农村建设的关键 [J]. 特区经济,
2006 (8).

　　[30] 王婉玲. 人力资本投资是解决三农问题的突破口 [J]. 改革与战略,
2000 (4).

　　[31] 杨小娟, 等. 四川广安市新农村建设调查报告 [J]. 甘肃农业,
2008 (2).

　　[32] 高坤, 等. 浅谈提升农村人力资本与推进四川新农村建设 [J].
法制与社会, 2007 (10).

　　[33] 李鸿儒. 关于农业投资若干问题的探讨 [J]. 农村经济, 1989 (3).

　　[34] 朱培巧. 云南省新农村建设投融资长效机制研究 [D]. 昆明: 昆明
理工大学, 2009.

　　[35] 张静, 等. 农村投融资体制的国际比较研究 [J]. 金融理论与实践,

2007 (3).

[36] 冯庆水, 等. 安徽省新农村建设的金融支持问题研究 [J]. 安徽农学通报, 2008 (14).

[37] 翟照艳. 我国农村投融资体制改革研究 [D]. 泰安: 山东农业大学, 2005.

[38] 张一博. 投资环境基本理论综述 [J]. 经济研究导刊, 2012 (1).

[39] 刘生龙, 等. 金融一体化对经济增长的影响 [J]. 南开经济研究, 2009 (3).

[40] 郑雪莲, 等. 财政投融资如何加快新农村建设 [J]. 网络财富, 2008 (5).

[41] 文飞. 农村合作金融体制改革与发展对策研究 [D]. 成都: 西南财经大学, 2005.

[42] 刘雪莲, 等. 中国农村金融典型特征分析及发展理论选择 [J]. 北方经贸, 2008 (2).

[43] 张延国. 发展中国家直接投资理论综述 [J]. 商业时代, 2007 (17).

[44] 宋先钧. 搞好新农村建设必须着力解决好的八个重大问题 [J]. 西华大学学报 (哲学社会科学版), 2006 (12).

[45] 郑小婧. 金融发展与经济增长——文献综述 [J]. 经营管理者, 2010 (5).

[46] 陈英蓉, 改革和完善攀枝花市新农村建设中的投融资决策机制探索 [J]. 社科纵横, 2012 (3).

[47] 陈英蓉. 攀枝花市新农村金融机制的改革和创新探讨 [J]. 农业经济, 2008 (12).

[48] 陈英蓉. 攀枝花市新农村建设中的投资方式探讨 [J]. 乡镇企业会计, 2008 (12).

[49] 陈英蓉. 农村剩余劳动力外出就业管理的中长期政策探索 [J]. 集团经济研究, 2006 (8).

后 记

《四川省新农村建设投融资长效机制研究》这一专著是在本人 2008 年的硕士毕业论文《攀枝花市西区格里坪镇新农村建设投融资长效机制研究》和本人主持的 2009 年四川省教育厅循环经济研究中心课题——"四川省新农村循环经济建设投融资长效机制研究"（课题编号：XHJJ－0925）的研究结果和基础上修改、完善而成的。

本书以目前中国正在加强农业基础地位、加快农业科技产业化发展、搞好新农村建设、消除城乡二元结构的发展战略为研究背景，以投融资理论为指导，对农村金融与农村经济发展的内在关系、四川省新农村发展战略及政策选择进行了深入的研讨。本书对于了解目前四川省新农村建设取得的成就和存在的问题、四川省新农村投融资现状和存在的问题，以及建立四川省新农村投融资长效机制的模式和发展对策，都具有较大的参考价值。但由于时间紧迫，加上本人水平有限，所以对与本课题相关的四川省新农村投资效益、新农村资源最佳配置策略以及四川省新农村建设人力资本投融资机制的建立策略等都未进行深入研究。本人以后将沿上述问题走自己的研究之路，以期研究结果能有助于解决四川省的"三农"问题。

本书的完成与攀枝花学院副校长朱波强教授和人事处处长史仕新教授的指导是分不开的，另外，攀枝花学院经济与管理学院的各位领导、同事和朋友也对本书的完成给予了大力支持，副校长朱波强教授在章节结构甚至遣词造句上都给予了我莫大的启示和帮助，国贸教研室主任龙云飞和刘紫萍老师给我提出了很好的建议，攀枝花学院经济与管理学院许多同学曾帮助我进行新农村调查，没有他们的指导以及对我工作的支持，本书是不可能完成的。在此特致衷心的感谢。

本书在撰写过程中，参考和借鉴了众多学者的诸多研究成果，虽尽量列示于参考文献中，但由于查阅资料多，而且时间较长，难免会有疏忽遗漏。在此一并表示诚挚的谢意。

同时，还要特别感谢西南财经大学出版社的邓克虎及排版、校对和印刷老师，你们辛苦了！

由于本人水平有限，书中肯定存在着问题和不足，请读者惠予斧正，以鞭策本人进步。

陈英蓉

2013 年 8 月 18 日于攀枝花学院